LÍNGUA ESTRANGEIRA MODERNA – ESPANHOL

Formación en Español: lengua y cultura

Descripción

Autores

Terumi Koto Bonnet Villalba
- Professora de Língua e Literatura Espanhola da Universidade Federal do Paraná (UFPR).
- Doutora em Estudos da Linguagem pela Universidade Federal do Rio Grande do Sul (UFRGS).

Maristella Gabardo
- Professora de Língua Espanhola do Instituto Federal do Paraná (IFPR).
- Mestre em Estudos Linguísticos pela Universidade Federal do Paraná (UFPR).

Rodrigo Rodolfo Ruibal Mata
- Professor de Língua Espanhola do Colégio Bom Jesus – Ensino Fundamental II e Ensino Médio.
- Mestrando em Estudos Linguísticos na Universidade Federal do Paraná (UFPR).

6º ANO

1.ª Edição
Curitiba – 2012

BASE EDITORIAL

Dados para Catalogação
Bibliotecária responsável: Izabel Cristina de Souza
CRB 9/633 – Curitiba, PR.

V714f Villalba, Terumi Koto Bonnet, 1949-
Formación en español : lengua y cultura : descripción : 6º ano / Terumi Koto Bonnet Villalba, Maristella Gabardo, Rodrigo Rodolfo Ruibal Mata. – Curitiba : Base Editorial, 2012.
136p. : il. col. ; 28cm. - (Língua estrangeira moderna : espanhol ; v.1)

ISBN: 978-85-7905-934-6
Inclui bibliografia

1. Língua espanhola (Ensino fundamental) - Estudo e ensino. I. Gabardo, Maristella. II. Mata, Rodrigo Rodolfo Ruibal. III. Título. IV. Série.

CDD 21. ed.
372.6561
468.24

Formación en español: lengua y cultura
Copyright – Terumi K. Bonnet Villalba; Maristella Gabardo; Rodrigo R. Ruibal Mata
2012

Conselho editorial
Mauricio de Carvalho
Oralda A. de Souza
Renato Guimarães
Dimitri Vasic

Gerência editorial
Eloiza Jaguelte Silva

Editor
Eloiza Jaguelte Silva

Coordenação de produção editorial
Marline Meurer Paitra

Assistência de produção
José Cabral Lima Júnior
Rafael Ricardo Silva

Iconografia
Osmarina Ferreira Tosta
Ellen Carneiro

Revisão
Terumi Koto Bonnet Villalba
Rodrigo Rodolfo Ruibal Mata
Donália Maíra Jakimiu Fernandes Basso

Licenciamento de texto
Valquiria Salviato Guariente

Projeto gráfico, diagramação e capa
Labores Graphici

Ilustrações
Labores Graphici – Ricardo Luiz Enz

Base Editorial Ltda.
Rua Antônio Martin de Araújo, 343 • Jardim Botânico • CEP 80210-050
Tel.: (41) 3264-4114 • Fax: (41) 3264-8471 • Curitiba • Paraná
Site: www.baseeditora.com.br • *E-mail*: baseeditora@baseeditora.com.br

CTP, Impressão e Acabamento
IBEP Gráfica
42018

Presentación

Himno de la alegría

Escucha, hermano,
la canción de la alegría,
el canto alegre del que espera
un nuevo día.
ESTRIBILLO

Ven, canta, sueña cantando.
Vive soñando el nuevo sol
en que los hombres
volverán a ser hermanos.

Si en tu camino solo existe la tristeza
y el llanto amargo
de la soledad completa.
ESTRIBILLO

Si es que no encuentras
la alegría en esta tierra
búscala, hermano, más allá
de las estrellas.
ESTRIBILLO

Basado en el último Movimiento de la 9ª sinfonía de Beethoven. Letra: Amado Regueiro Rodríguez. Arreglos: Oswaldo Ferrero Gutiérrez. Cantan: Ana Belén/ Miguel Ríos/ Joan Manuel Serrat/ Víctor Manuel.

Sumario

Unidad 1 — Mi mundo y yo

Objetivo: Elaborar un blog. 5

Tópicos:
Identidad personal, características físicas y psicológicas, nacionalidad, familia.

Soporte lingüístico:
Verbo "Ser" – presente de indicativo.
La construcción "Me gusta".

Unidad 2 — En América Latina

Objetivo: Elaborar un texto descriptivo...41

Tópicos:
Espacio físico y contexto sociohistórico

Soporte lingüístico:
Verbos "Estar"/"Tener"/"Haber" – presente de indicativo.
Fórmulas de tratamiento: tú/usted.

Unidad 3 — Formas de vivir

Objetivo: Describir un barrio...69

Tópicos:
Tipos de construcción y problemas de vivienda.

Soporte lingüístico:
Estructuras comparativas.

Unidad 4 — Las ciencias nuestras de cada día

Objetivo: Describir un plato típico regional..103

Tópicos:
Teoría y práctica científica en nuestro cotidiano

Soporte lingüístico:
El voseo
El uso del Imperativo
El uso de los artículos definidos
Verbos regulares - Imperativo

Escuchando (solución) 135

Referencias 136

Objetivo general:

Al término del año lectivo, el alumno deberá ser capaz de elaborar una receta culinaria, describiendo cada etapa de realización.

Mi mundo y yo

Identidad personal, características físicas y psicológicas, nacionalidad, familia

unidad 1

Objetivo:
Elaborar un blog.

Calentando el motor

> El blog es la nueva modalidad de los antiguos diarios. Sólo que ahora estos no son más secretos, sino virtuales y públicos. Pueden ser escritos individualmente o en colectivo y vienen como una forma de intentar personalmente el espacio virtual de la web.

¡Hola! Somos los autores de este libro:

Mónica

Dina

Henrique

Escuchando

Pista 1

Escuchen dos veces el siguiente diálogo:

M. Mónica robó pan en casa de San Juan.

D. ¿Quién? ¿Yo? Yo no fui.

M. Entonces, ¿quién?

D. Fue Henrique.

M. Henrique robó pan en casa de San Juan.

H. ¿Quién? ¿Yo? Yo no fui.

M. Entonces, ¿quién?

H. Fue Dina.

AHORA, tú:

a) Elige a 2 personas famosas de tu preferencia, recortando su foto de una revista.

b) Pega la foto en el globito y escribe su nombre.

c) Pídele a un(a) compañero(a) que represente a la persona elegida para seguir el juego del robo de pan en casa de San Juan.

Mafalda (A)

Quino. Diez años con Mafalda. Barcelona: Lumen, 1973.

En parejas

1. ¿Quiénes están hablando?

2. ¿Cómo se llama la niña pequeña?

3. ¿Qué comentario hace Mafalda (la chica más alta) antes de preguntar el nombre de la pequeña?

4. ¿Qué pretende indicar el autor de la tira al establecer una relación entre el tamaño y el nombre de Libertad?

5. ¿Por qué dice Libertad en el último globito: "¿Sacaste ya tu conclusión estúpida? Todo el mundo saca su conclusión estúpida cuando me conoce."?

6. Por el comentario de Libertad a Mafalda, ¿cómo calificarías a Libertad: tonta, estúpida, grosera, educada, inteligente, triste? Justifica tu respuesta.

Mafalda (B)

Quino. Diez años con Mafalda. Barcelona: Lumen, 1973.

7. Este es un amigo de Mafalda y se llama _____ .

8. Averigua en un diccionario qué significan: "arreglar" y "arreglarse" y anota las respuestas a continuación:

Arreglar: _____

Arreglarse: _____

9. ¿Por qué dice Mafalda que su mamá tiene que arreglarse con Manolito?

_____

10. ¿Qué anotaría Manolito en su libreta?

_____

11. ¿Qué tipo de chico es Manolito: soñador, idealista, práctico, generoso, ganancioso? ¿Por qué?

_____

Mafalda (C)

Quino. Diez años con Mafalda. Barcelona: Lumen, 1973.

12. ¿Qué tipo de sueño o ideal tiene Susanita?

   _____

13. ¿Por qué se desanima Mafalda al oír la respuesta de su amiguita?

   _____

14. ¿Qué tipo de chica es Susanita?

   _____
   _____

> **EL BRIDGE**
> Es un juego de cartas muy común entre las mujeres de la alta sociedad.

> En los años 60, cuando Quino creó los personajes de Mafalda, era común que las chicas creyeran que un buen futuro era tan solo casarse con un chico guapo, rico, de carrera y tener hijos.

Explorando el texto

En grupos de 2 a 4 compañeros.

Comenten y discutan las cuestiones propuestas a continuación. Si es necesario, busquen ayuda de un diccionario bilingüe y de su profesor(a).

1. ¿Cómo se llama el creador de los personajes que acaban de conocer?

   _____

2. ¿Dónde y cuándo se publicó el libro "Diez años con Mafalda"?

   _____

3. ¿Es posible afirmar que Quino tiene sentido de humor y de crítica? ¿Por qué?

   _____
   _____

4. ¿Con cuál de los personajes que acaban de conocer se identifica cada uno de ustedes? ¿Por qué?

   _____
   _____

5. ¿Te acuerdas de los amigos de Mafalda? Dibújalos en el recuadro.

6. Lean el siguiente texto.

Existen determinadas características físicas y culturales que son atribuidas a cada pueblo o etnia. Por eso, cuando se ve a un rubio, se piensa en un alemán o polaco o algún nórdico. Cuando se trata de un negro, se le asocia a un afrobrasileño, pero podría ser un afrouruguayo. O sea, se han formado estereotipos.

a) Busquen en un diccionario qué significa la palabra "estereotipo" y anoten su significado.

b) ¿Hay estereotipos positivos o son siempre negativos? Busquen ejemplos.

c) Brasil es considerado un país multirracial. ¿Qué significa la palabra "multirracial"?

> Discutan si es válido usar el estereotipo para definir a las personas. Justifiquen la respuesta.

d) ¿De dónde proceden los antepasados de sus compañeros de equipo? Averígualo y anota los datos a continuación.

Nombre de tus compañeros	Origen de sus antepasados

e) A continuación observen cómo se presenta cada persona:

– Hola, soy Peter.
Americano de Nueva York.

– Y yo, Kayo.
Japonesa de Kyoto.

– Me llamo João.
Soy de Curitiba, Brasil.

– Y yo soy Marie.
Nací en París.

– Me llamo Welinton Yoshida.
Soy mestizo de japonés con india.

f) Y, ahora, individualmente.

Preséntate a tus colegas, levantándote y poniéndote delante de tu clase para formar un grupo de cinco compañeros.

Me llamo/ Soy _____

g) Cuando te presentes, dale la mano a tu compañero de al lado. ¿Es importante darse las manos? ¿Por qué?

h) Lee la tira siguiente y explica por qué al final se abrazan la chica (Enriqueta) y su gato.

> ACABO DE DECIDIR QUE MI NACIÓN ES EL PLANETA ENTERO.
>
> ME SIENTO PARTE DE CUALQUIER LUGAR EN EL MUNDO DONDE PASEN COSAS LINDAS.
>
> Y PARA MÍ LO MÁS LINDO QUE HAY ES EL ABRAZO.
>
> ASÍ QUE MI NACIÓN ES CUALQUIER LUGAR DONDE ALGUIEN SE ABRACE.

<http://sabrina-suspiro.blogspot.com/2008/08/abras.html>.

i) Y tú, ¿qué opinas? ¿Qué cosas son importantes para sentirte parte de un grupo o lugar?

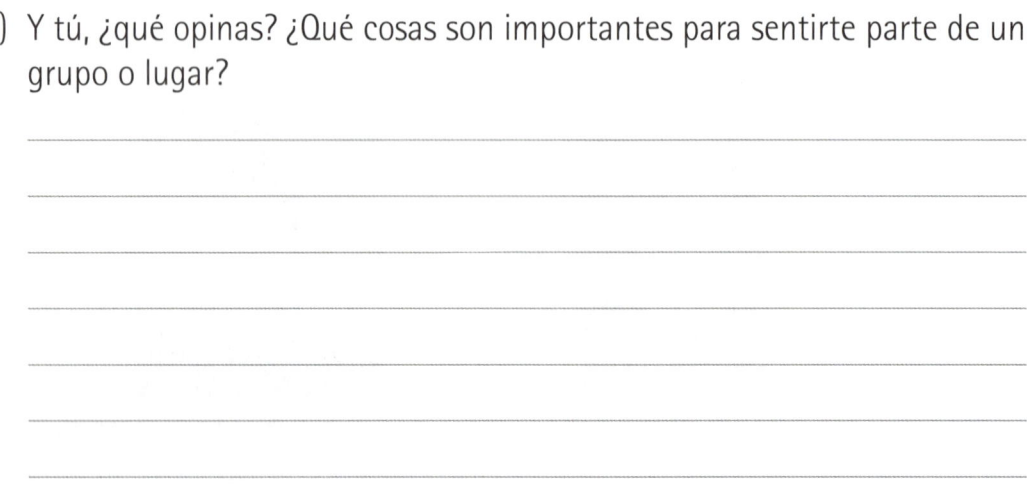

Practicando la lengua

Cada pueblo tiene una forma distinta de saludar. Completa las presentaciones con lo que falte, usando las sugerencias del recuadro:

> SOY / SOMOS
> SOY DE / SOMOS DE
> ME LLAMO

Alemán

Hallo! We gets die? _____ Frederic. _____ Alemania. En mi país todas las personas para saludarse se aprietan las manos. Se debe apretar las manos fuertemente, ya que eso es una señal de confianza.

Japonesa

Hajimemashite. _____ Hiromi. _____ Japón. En mi país las personas hacen reverencias cuando van a saludar unas a las otras. Cuanto más importante es la persona más tenemos que inclinar el cuerpo hacia delante. ¡Ah! Normalmente no se miran a las personas en los ojos.

Peruano

Hola, amigos. ¿Cómo están? _____ Juan. _____ Perú. En mi país las mujeres se dan uno o dos besos en la mejilla y los hombres se dan apretos de manos o palmaditas en la espalda.

Argentina

Buenas. ¿Qué tal? _____ Laura. _____ Argentina. En mi país las mujeres se saludan dando uno o dos besos en la mejilla.

Brasileño

Olá, tudo bem? _____ Pedro. _____ Brasil. En mi país las mujeres se dan de uno a dos besos en las mejillas. Los hombres también las saludan así. Ya entre ellos se dan aprietos de manos o golpes en la espalda.

Pareja de hindúes

Namaste! _____ Raji y Nati. _____ India. En nuestro país se suele cerrar las manos en la cabeza en señal de oración, pues nuestro saludo dice que el dios que vive en mí saluda al dios que vive en ti. También se puede apretar la mano, pero solamente con la derecha.

Árabe

Salamaleicon. _____ Muhammed Ali. _____ Arabia Saudita. En mi país los hombres no pueden tocar a las mujeres, por eso las saludan poniendo la mano en el corazón. Cuando las personas son del mismo sexo se dan besos y abrazos. Cuanto más besos, más amada es la persona.

Interactuando con el texto

El orden de los nombres en español: Primero el nombre de pila, luego, el apellido del padre y, por último, el de la madre, al contrario del sistema brasileño. También es común que se omita el apellido materno: así alguien que se llame Federico Santos Martínez, puede ser conocido como Federico Santos. OJO: hay casos en que se usa el apellido materno porque éste es el nombre diferenciador. Por ej.: al poeta español Federico García Lorca nadie lo conoce simplemente como Federico García, sino siempre como Federico García Lorca o García Lorca.

1. Busca en revistas, periódicos, libros, o consulta a tus familiares o vecinos, dos nombres completos de origen hispánico, anótalos a seguir, destacando cuál es el apellido paterno y cuál es el materno.

   _____

   _____

2. Lee la información a seguir:

   Quino es el autor de Mafalda. Pero "Quino" no es su nombre oficial. En su carnet de identidad está registrado "Joaquín Salvador Lavado". O sea, "Quino" es su apelativo, el nombre que se usa para tratamiento informal. Así, "Manuel" es conocido como "Manolo", y "María Soledad", como "Marisol". También es común usar el diminutivo ("-ito"; "-ita"), como en: Carmencita, Isabelita, Juancito.

3. Basándote en el texto anterior, completa las siguientes frases:

   a) "Susanita" es el diminutivo de _____.

   b) "Felipito" es el diminutivo de _____.

   c) "Pepe" es el apelativo de _____.

   d) "Mari Pepa" es el apelativo de _____.

   e) "Paco", "Paquito", "Pancho" son apelativos de _____.

Pista 2

Ahora escucha el audio y corrige el ejercicio anterior.

4. ¿Y en tu región? Averigua en tu familia a cuántos se los conoce o se los llama con la forma diminutiva de su nombre o por el apelativo. Anota los datos a seguir.

   _____

   _____

5. Con ayuda de un buen diccionario, indica cuál es la diferencia entre "apodo" y "mote".

a) Apodo: _____

b) Mote: _____

6. Averigua en tu familia quiénes tienen apodo o mote y descubre por qué tienen esos nombres alternativos e informales.

_____
_____

7. Averigua por qué a Edson Arantes de Nascimento lo llamamos "Pelé". ¿Y, cómo surgió el apodo de "Zeca Baleiro"?

_____
_____
_____

8. Lee la historia de Maní y explica el origen de la mandioca.

La muerte de Maní fue motivo de un duelo inmenso para toda la tribu. La sepultaron al pie de un gran árbol a orillas de la selva virgen. Al poco tiempo aparecieron sobre su tumba las hermosas hojas de una planta extraña, completamente desconocida hasta entonces. Cuando la planta hubo crecido, los indios descubrieron raíces que tenian una carne blanca de sabor exquisito, y entonces comprendieron que el pueblo indio habia sido visitado por un mensajero de los dioses, y que ese ser misterioso estaba ofreciendo ahora su carne a la tribu.

La planta recibió el nombre de "Maní ro'o" (carne de Maní), y tal fue el origen de "Mani'o", o Mandi'o.

La mandioca es un homenaje de los dioses a la tribu de Maní: *mani ro'o* = carne de Maní.

Exquisito = En portugués, "delicado, delicioso".

Disponible en: <http://leyendas-paganas.blogspot.com/2007/10la-leyenda-de-la-mandioca.html>. Acceso: el 15 de noviembre de 2011.

1. ¿Quién era Maní?

2. ¿Por qué los indios creyeron que la planta era la carne de Maní?

Pista 3

Escucha la entrevista a Niko Martins, cantante de tango argentino, y contesta las preguntas.

1. ¿A quién entrevista la OM Personal?

2. ¿A qué se dedica Niko?

3. ¿A qué edad empezó a cantar tango?

4. ¿Cómo descubrió su vocación artística?
   a) Cuando su abuela le enseñó a cantar tango.
   b) Cuando escuchó un disco de Julio Sosa en casa de su abuela en Grecia.
   c) Cuando volvió a Buenos Aires y reencontró a su gente.

5. ¿Cuál (es) es (son) su (s) sueño (s)?
   a) Aprender a bailar tango.
   b) Divulgar el tango entre la juventud.
   c) Buscar nuevos compositores de tango.
   d) Llevar el tango al interior de Argentina.

Puerta de acceso

Aquí tienes la entrevista que acabaste de escuchar. Lee y contesta las preguntas.

Niko Martins

Cantante de Tango Argentino

OM Personal: ¿Cuándo comenzó tu interés por el tango?

Niko Martins: Aproximadamente a los 12 años.

OM Personal: ¿Cómo surgió?

Niko Martins: Todo comenzó cuando viajé a Grecia con mi madre a ver a mi familia que es oriunda de allí. Hacía mucho mucho tiempo que no nos reuníamos. El reencuentro fue muy cálido y sorprendente ya no conocía la tierra de los centauros. El desconocimiento del idioma me llevó a extrañar mi hogar, las calles, los olores de mi barrio. Un día en la casa de mi abuela – indagando en su música – descubrí un disco de Julio Sosa de temas clásicos... *Mano a mano*, *Cambalache*, *Soledad*, entre otros, y mágicamente encontré una pasarela al corazón de Buenos Aires y mi gente.

OM Personal: ¿Dónde cantabas?

Niko Martins: Aunque te parezca un lugar común, empecé cantando... en la ducha. Pero bueno, pasadas las costas griegas, se sucedieron sin prisa y sin pausa cantidades de "duchas tangueras", hasta que un día cualquiera, micrófono en mano (¡fuera de la ducha, obviamente!) canté *Volver* acompañado de un midi, y causé conmoción en mi casa.

OM Personal: Cantando tango, ¿qué es lo que más te atrae?

Niko Martins: Todo es hermoso, es vida, es consejo, es el alma de Buenos Aires. Es pasado y un eterno presente: la poesía, increíble de sus canciones, el movimiento sensual de sus fantásticas melodías... sus intérpretes... ¿qué puedo decirte? Estoy fatalmente cautivado por la música del firulete y lo más asombroso de este punto de partida, es que con el pasar del tiempo, lejos de aburrirme, me seduce y entusiasma más y más.

OM Personal: ¿Recuerdas alguna actuación en particular?

Niko Martins: Todas fueron fascinantes y son inolvidables, pero siempre hay una cajita de joyas que se guarda en el corazón: mi actuación de cierre en el Teatro Roma de Avellaneda – en mi tercera presentación en público – fue puro nervio y emoción. Estaba repleto de gente que primero enmudeció conmovida y luego se desató en un estallido de aplausos y elogios tan naturales y afectuosos que jamás podré olvidar. Fue un momento prodigioso con el que la vida me premió. Me encantó poder compartir mi pasión por el tango con un público repentinamente unido a mí por el milagro de la música. El hecho de compartir te da una motivación extraordinaria, te conecta con la vida y el amor. Es genial. Al menos, eso es lo que yo siento.

OM Personal: ¿Cuál es tu sueño con esta nueva carrera?

Niko Martins: Tengo muchos sueños que entiendo no sólo dependen de mí, sino indudablemente también de la suerte. Quisiera compartir el tango con toda clase de público posible e involucrar a mis pares, a la juventud que últimamente, si bien incursiona en el género, lo hace únicamente desde la danza. También me gustaría abordar la composición de temas y promover nuevos tangos porque pienso que el alma del tango nunca muere ya que es esencia porteña y pura fibra argentina. Estoy convencido que tanto en los ignotos rincones de nuestras trajinadas veredas como en el resto del país abundan duendes que no han sido despertados al hechizo del tango, poetas anónimos a la espera de su despertar, tal como los artistas talentosos que nos precedieron y que honraron y eternizaron el compás del 2 x 4.

Disponible en: <http://www.ompersonal.com.ar/entrevistas/nikomartins.htm>. Acceso: el 19 de noviembre de 2011.

1. Según el texto, Niko Martins:
    a) No hablaba griego cuando fue a Grecia con su madre.
    b) El reencuentro con su abuela y los demás familiares fue desagradable.
    c) Le encanta el tango porque le gustan todos los tipos de música.
    d) Recuerda con emoción su tercera presentación en público.

2. En el texto, ¿qué significan las "duchas tangueras"?

3. Según el texto, la frase "*Estoy convencido que tanto en ignotos rincones de nuestras trajinadas veredas como en el resto del país abundan duendes que no han sido despertados al hechizo del tango*" equivale a decir:

   a) Niko está seguro de que tanto en Buenos Aires como fuera de la capital existen personas con talento musical para componer tangos.

   b) Niko cree que el tango no es suficientemente conocido fuera de Buenos Aires.

   c) Niko está dispuesto a presentar espetáculos de tango en los rincones desconocidos de Argentina.

4. Considerando la pasión de Niko por el tango, otra forma de expresar la frase "*es que con el pasar del tiempo, lejos de aburrirme, me seduce y entusiasma más y más*" es:

   a) Cuanto más pasa el tiempo, más se siente seducido y entusiasmado por el tango.

   b) Con el paso del tiempo, se está aburriendo y cansándose del tango.

   c) A medida que pasa el tiempo, se entusiasma cada vez más con el tango.

5. Según el texto, la frase "*abundan duendes que no han sido despertados al hechizo del tango*" se refiere a que:

   a) Tradicionalmente en Argentina sobran los tanguistas.

   b) No hay duende que no resista al hechizo del tango.

   c) Los duendes hechizan a los jóvenes y los llevan a cantar tango.

   d) Hay tanguistas que aún no se dejaron atraer por el tango.

Explorando el texto

1. ¿Qué es una entrevista?

   _____

2. Con ayuda de un buen diccionario, expliquen qué significa "*esencia porteña y pura fibra argentina*" en este texto.

   _____

3. ¿Qué significa la palabra "trajinadas" en relación a veredas?

   _____

Interactuando con el texto

En grupos de 3 ó 4 compañeros.

1. ¿A qué se refiere Niko Martins cuando afirma que los artistas talentosos eternizaron "*el compás del 2 x 4*"?

2. Anoten los nombres de algunos compositores o intérpretes famosos de tango.

3. ¿Quién es Carlos Gardel?

Carlos Gardel (1890-1935).

4. Busquen la letra de un tango argentino clásico y cópienla en su cuaderno.

5. ¿Qué ritmo es representativo de la cultura brasileña? Anoten datos sobre sus intérpretes más conocidos.

Practicando la lengua

En parejas.

1. Con ayuda de su profesor(a) discutan por qué se usa "el alma del tango" en lugar de "la alma del tango".

2. Teniendo en cuenta la respuesta a la pregunta anterior, llena los huecos del texto siguiente con los artículos determinantes "el" o "la".

La Reserva de la Biosfera Maya

Me encuentro en _____ Norte de Guatemala, en _____ Reserva de la Biosfera Maya, creada en 1990 para convertirse en _____ Área protegida más grande de Mesoamérica. Su misión: proteger _____ pasado y _____ futuro, nuestra biosfera cultural y nuestros recursos biológicos. Está conformada por una serie de parques nacionales, como _____ conocido Parque Nacional Tikal y _____ impresionante Triángulo de Yaxha-Nakum-Naranjo, que en 37 000 kilómetros cuadrados posee más de quinientos sitios arqueológicos mayas y es _____ núcleo de dicha reserva.

[...]

Nakum

Mi recorrido empieza a 73 kilómetros de Santa Elena de Petén, en una carretera de terracería; es decir, sin pavimento. _____ camino de 17 kilómetros se convierte en toda una aventura con nuestra camioneta 4x4. Andrés, _____ conductor elegido, hace lo posible para encontrar _____ mejor ruta en medio del barro y los huecos mientras yo disfruto _____ paisaje. Estoy rodeado de selva, lejos de una civilización que la contamine. _____ sonido del bosque es más fuerte que _____ de la camioneta y poco a poco nos invade hasta tapar nuestras voces.

Extraído de Panorama de las Américas, la revista de Copa Airlines, junio de 2009.

3. Con ayuda de su profesor(a) comenten el caso de "el paisaje".

4. Escojan algunas palabras en portugués que acaben en -agem (femenino) y anoten cómo son en español. Por ej.: a viagem – el viaje.

Puerta de acceso

Entrevistando a Simone, la profesora de español de una escuela pública de Curitiba.

Entrevistadora: Hola, Simone, ¿cómo estás?

Simone: Bien, muy bien. ¿Y tú?

E.: Gracias a Dios, todo bien. Y gracias a ti, por aceptar contestarme algunas preguntitas. Ya sabes que el tema es Mafalda, quizás el personaje más popular de Quino.

S.: Sí, sí. Me encanta Mafalda. Cada vez que puedo, leo algunas historietas. Y además, son un buen material didáctico.

E.: O sea que usas a Mafalda con frecuencia.

S.: Uh, creo que hasta demasiado. Pero les gusta a los chicos.

E.: ¿Por qué crees que les gusta a tus alumnos?

S.: Pienso que... la verdad es que es muy simpática.

E.: Pues ya he leído que a muchos adultos les parece una nena muy contestataria, algo malcriada y pesada, siempre hablando de justicia, fraternidad, igualdad...

S.: Estoy de acuerdo en parte, porque lo que dice Mafalda hay que tomarlo como la visión del mundo de Quino, ¿no crees?

E.: Sí, sí.

S.: La parte infantil es cuando grita que no le gusta la sopa. (risas). [...]

1. Según la entrevistada, ¿por qué les gusta Mafalda a sus alumnos?

2. ¿Por qué a ciertos adultos no les agrada Mafalda?

3. ¿Cómo justifica la entrevistada la actitud de adulta de Mafalda?

Interactuando con el texto

En grupos de 3 ó 4 compañeros.

1. Anoten un ejemplo de lo que consideran "justicia", "igualdad" y "fraternidad".
   a) justicia: _____

b) igualdad: _____

c) fraternidad: _____

2. Lean el poema de Thiago de Mello, "Los Estatutos del Hombre", traducido al español por Mario Benedetti.

Los Estatutos del *Hombre*

Artículo 1.
Queda decretado que ahora vale la vida,
Que ahora vale la verdad,
Que de manos dadas
Trabajaremos todos
por la vida verdadera.

Artículo 2.
Queda decretado que todos los días de la semana,
inclusive los martes más grises,
tienen derecho a convertirse en
mañanas de domingo.

Martes = En portugués, "terça-feira".

Artículo 3.
Queda decretado que,
a partir de este instante,
habrá girasoles
en todas las ventanas,
que los girasoles tendrán derecho
a abrirse dentro de la sombra;
que las ventanas deben permanecer
el día entero
abiertas para el verde donde
crece la esperanza.

Artículo 4.
Queda decretado que el hombre
no precisará nunca más
dudar del hombre.
Que el hombre confiará en el hombre
como la palmera confía en el viento,
como el viento confía en el aire,
como el aire confía en el campo azul
del cielo.

[...]

Artículo 7.
Por decreto irrevocable
queda establecido
el reinado permanente
de la justicia y de la claridad.
Y la alegría será
una bandera generosa
Para siempre enarbolada
en el alma del pueblo.
[...]

Enarbolada = En portugués, "hasteada".

<http://www.poemasde.net/los-estatutos-del-hombre-thiago-de-mello/>.
Acceso: el 24 de agosto de 2011.

a) Anoten qué derechos destaca Thiago de Mello en su poema.

b) ¿Cuál de los derechos indicados por Thiago de Mello les parece más importante? Justifiquen la respuesta, oralmente y en portugués.

c) Expliquen la comparación que Thiago de Mello establece entre el hombre, la palmera y el viento.

d) ¿En su opinión, es posible confiar totalmente en sus semejantes? Justifiquen, en portugués, su respuesta.

e) ¿Qué simbolizan los girasoles en este poema?

f) ¿En su opinión, qué significa "la vida verdadera"? Den ejemplos.

3. Lean el siguiente poema a continuación sobre los gustos (que no se discuten...) y subrayen lo que coincide con sus preferencias.

El camino

Me gusta el camino.

Me gustan todos los caminos.

Camino largo, camino corto,

ancho o estrecho.

Camino recto, camino lleno de curvas,

fácil o difícil.

Me gusta cualquier tipo de camino

si está bordeado de campos, de flores, de árboles,

si a su lado murmulla algún riachuelo,

si hay piedrecitas que tirar,

si el olor de tierra y plantas se funde con los cantos de los pájaros,

y la naturaleza me acoge en su abrazo.

Me gusta cualquier camino

por donde pueda ir comiendo frutas (banana, guayabo, uva, jaboticaba) sin prisa.

Los autores.

Punto de apoyo

Gustar		
(a mí)	me	
(a ti)	te	
(a él/ella)	le	**gusta**/
(a nosotros)	nos	**encanta**
(a ellos/ellas)	les	

(a mí)	me	
(a ti)	te	
(a él/ella)	le	**gustan**/
(a nosotros)	nos	**encantan**
(a ellos/ellas)	les	

unidad 1. Mi mundo y yo

4. En parejas.

Aquí van a encontrar varias actividades que les suelen gustar/ encantar a los jóvenes. Discutan cuáles les gustan a cada uno de ustedes, y escriban un mini diálogo.

Actividades	Yo	Tú
Escuchar música	x	-

Diálogo:
— A mí me gusta escuchar música. ¿Y a ti?
— A mí, no.

Leer		

Diálogo:
_____
_____

Jugar con videojuegos		

Diálogo:
_____
_____

Pintar		

Diálogo:
_____
_____

Coleccionar sellos		

Diálogo:
_____
_____

| Salir con amigos | | |

Diálogo:
___
___

| Caminar | | |

Diálogo:
___
___

5. Comparen los resultados entre todos a ver cuál es la actividad preferida de su clase y digan:

   a) A NOSOTROS LO QUE MÁS NOS GUSTA ES
   ___

   b) A NOSOTROS LO QUE NOS ENCANTA ES
   ___

6. ¿Qué objetos llevas tú a la escuela? ¿Qué colores tienen? Descríbelos.
   ___
   ___
   ___
   ___

7. ¿Qué otros objetos te gustan?
   ___
   ___
   ___

Puerta de acceso

Completa la letra de la canción con las palabras que falten.

De *amor* y de *casualidad*

Jorge Drexler (cantante uruguayo)

Tu _____ tiene sangre holandesa,
yo tengo el pelo sefaradí,
somos la mezcla de tus _____, y tú, mitad
de ella y mitad de mí.
El _____ de tu madre es de Cádiz,
mi padre se escapó de Berlín.
Yo vengo de una noche de enero,
tú vienes de una siesta de Madrid.

Tu _____ vino aquí desde Suecia,
la mía se crió en Libertad.

Tu madre y yo somos una mezcla,
igual que tú, de amor y de casualidad,
igual que tú, de amor y de casualidad.

Tu _____ tiene los ojos claros,
yo un _____ de Brasil.
Yo soy del sur, de Montevideo,
y tú, mitad de allá y mitad de aquí.
En este mundo tan separado
no hay que ocultar de dónde se es,
pero todos somos de todos lados,
hay que entenderlo de una buena vez.

> *Sefaradí* es la mezcla de español con judío.

> *Libertad* es una cárcel que, durante la dictadura militar en Uruguay, albergaba a presos políticos. Está ubicada en un pequeño pueblo, a las afueras de Montevideo, que lleva el mismo nombre de la cárcel.

Tu madre se crió en Estocolmo,
la mía al sur de Tacuarembó,
tu madre y yo vinimos al mundo,
igual que tú, porque así lo quiso el amor,
igual que tú, porque así lo quiso el amor.

Tu _____ vino aquí desde Suecia.
La mía se crió en Libertad.
Tu madre y yo somos una mezcla,
igual que tú, de amor y de casualidad,
igual que tú, de amor y de casualidad.

Berlín: capital de Alemania
Cádiz: ciudad del sur de España
Estocolmo: capital de Suecia

1. ¿A quién se dirige el autor de la canción al usar "tú"?

2. ¿Qué significa "tu madre y yo somos una mezcla"?

3. Explica cómo es "el pelo sefaradí".

4. ¿Por qué afirma el autor de la canción que su hijo es una mezcla de amor y casualidad?

5. Organiza los datos que aparecen en la canción en forma de árbol genealógico y escribe, si posible, de dónde es cada una de las personas mencionadas.

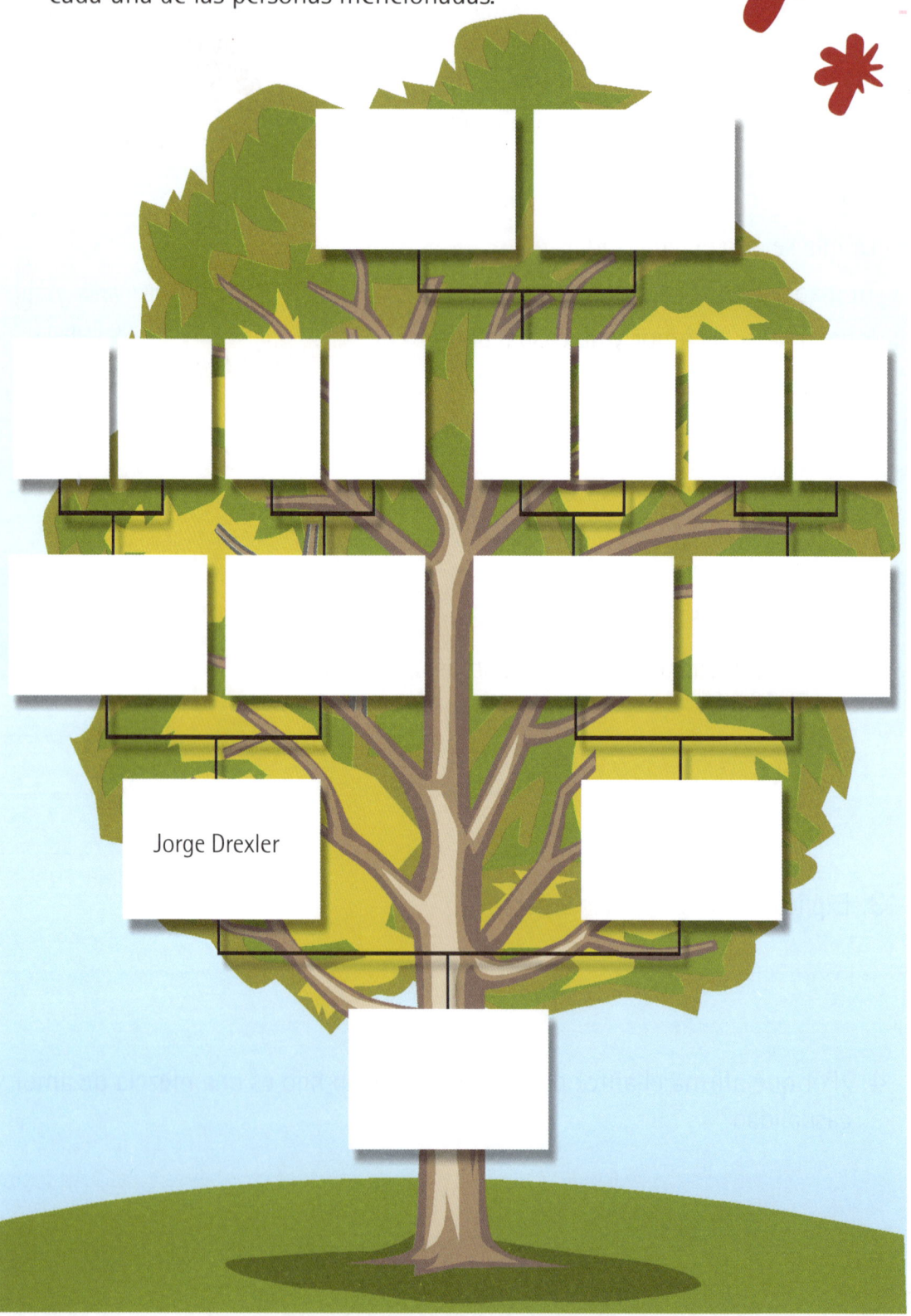

Puerta de acceso

¿Qué es un *blog*?

Joan Planas tiene uno y decide crear un pequeño programa de entrevistas para saber si la gente sabe qué es un blog. Aquí está la transcripción de una parte de su programa. Si quieres, conéctate a la página: <http://ordenadore-senelaula.blogspot.com/2007/05/videoclip-de-entrevistas-en-la-calle.html>, y ve el vídeo con la entrevista completa.

— Hola, me llamo Joan Planas y aquí empiezo; tengo una pregunta. (Entra la reportera del programa, Cristina).

— Hola, Joan.

— Cristina, ¿dónde estás?

— En Barcelona.

— Y, ¿cuál es la pregunta de hoy?

— La pregunta de hoy es ¿qué es un blog? Vamos a preguntarle a la gente.

— Pues, venga, vamos. ¿Qué es un blog?

Opiniones...

- Juan: Es lo del fotolog y eso, ¿no?
- Pedro: Es donde metes información y lo que te pasa cada día, ¿no?
- Manolo: Es como un diario virtual, donde cada uno escribe lo que le da la gana. [...]

Para que la gente lo vea.

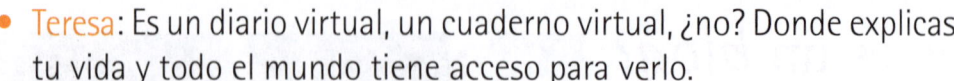

- **Teresa**: Es un diario virtual, un cuaderno virtual, ¿no? Donde explicas tu vida y todo el mundo tiene acceso para verlo.
- **Ana**: ...Y también aceptar varias opiniones de otra gente que se cuelga en internet.
- **Julia**: Tus amigos se pueden conectar, ver lo que vas haciendo y comentar lo que quieran.

Respondan oralmente las siguientes preguntas:

1. ¿De dónde fue sacado este texto?
2. ¿Por qué algunas partes vienen presentadas por guiones?
3. ¿Sabes explicar para qué sirve cada uno de estos botones?

> Guiones = En portugués, "travessão".

1. ¿Qué tipo de página web es un blog?

2. ¿Es una página interactiva? ¿Por qué?

3. ¿Al blog de una persona sólo pueden tener acceso sus amigos?

4. ¿Todas las personas entrevistadas tienen la misma opinión sobre qué es un blog?

Interactuando con el texto

En grupos de 2 ó 3 compañeros.

1. Busquen un ejemplo de blog para definir sus características:

   a) tipos de contenidos;
   _____

   b) forma de presentación;
   _____

   c) links a otros sitios web;
   _____

   d) espacio para la interacción.
   _____

Escuchando

Pista 4

1. Escucha la lectura de este blog y luego enumera las frases respetando la secuencia.

   ☐ Hola amigas.
   ☐ Me gustan los animales
   ☐ Me llamo Vanesa.
   ☐ Mi color favorito es el azul.
   ☐ Mi hermana gemela se llama Melisa,
   ☐ Mi padre se llama Javier, mi madre se llama Mª Isabel,
   ☐ Pero lo que más me gusta es el baile y uso gafas.
   ☐ Hasta luego amigos.
   ☐ Soy un poco tímida pero alegre.
   ☐ También tengo el pelo castaño.
   ☐ Tengo 10 años.
   ☐ Tengo los ojos castaños oscuros.
   ☐ Tengo otra hermana que se llama Yolanda
   ☐ Y tiene 10 años.
   ☐ Y tiene 17 años.

2. Ahora reescribe el blog en orden, respetando la diagramación del texto, como lo indican las flechas.

Los saludos iniciales y las despedidas pueden escribirse con sangría, en línea con el primer párrafo.

Un texto cuando está alineado a los márgenes, decimos que está justificado.

Pista 5

3. Ahora escucha y haz lo mismo con la presentación de Cecilia:

☐ A mí me gusta mirar Patito Feo en la tele,

☐ El animal que más me gusta es el gato.

☐ Él trabaja de carpintero y

☐ Lo miro desde las 6 hasta las 7 de la tarde.

☐ Mi mamá trabaja como ama de casa.

☐ Mis mejores amigas son Romina, Micaela, Macarena y Anarela

☐ Tengo 12 años.

☐ Tengo 6 hermanos, mi mamá se llama Roxana

☐ Tengo ojos marrones y mi pelo es marrón oscuro.

☐ Y mi papá se llama Antonio,

☐ Yo me llamo Cecilia,

Los saludos iniciales y las despedidas pueden escribirse con sangría, en línea con el primer párrafo.

Un texto cuando está alineado a los márgenes, decimos que está justificado.

4. Mira la viñeta y di por qué es divertida: ¿Quién soy?

¿A qué no sabes quien soy yo?

Produciendo un texto propio

Escribe tu propia biografía en forma de blog. Pero, éste no será un blog virtual, sino uno que será expuesto en el mural de tu clase o en el pasillo de tu escuela.

Paso a paso

1. Antes de empezar la tarea, piensa en casa cómo te gustaría que te conocieran:

    a) tus características físicas y psicológicas más destacadas;

    b) tu pasatiempo preferido;

    c) tu familia;

    d) tu mascota o tu música preferida, etc. No te olvides de poner tu nombre al principio.

2. Acuérdate que debes describir solamente las cosas más importantes para ti, para que la gente se entere de quién eres.

3. Tu profesor(a) deberá sacarles una foto a todos los alumnos de la clase.

4. Entre todos deben armar un gran cartel con la foto en el centro y varias flechas que lleven a los textos.

    Cada alumno tendrá una flecha señalando su texto.

5. Los textos deben estar dentro de sobres.

    Cada alumno lee en voz alta la biografía que le interese.

Puerta de salida

La máquina de piensa-piensa

Pueden participar dos o más jugadores. Hace falta: un dado, un papel y un lápiz para cada jugador. Por turno cada jugador tira el dado, el número que sale corresponde a uno de los cuadros. De ese cuadro debe elegir una letra y anotarla en su papel. Los demás procederán del mismo modo hasta que cada uno tenga 8 letras. Se pueden anotar letras ya elegidas por otro. En 5 minutos como máximo, cada jugador deberá formar una o varias palabras con las letras que eligió. Por ejemplo, si alguien anotó A E P I L R P U puede formar: PULPERÍA o PURA y PIEL. Gana el que logró usar todas las letras o la mayor cantidad. Si dos o más jugadores empatan, jugarán nuevamente hasta que haya un campeón. Atención: No usar más de medio minuto para elegir cada letra. No valen palabras de una sola letra ni nombres propios.

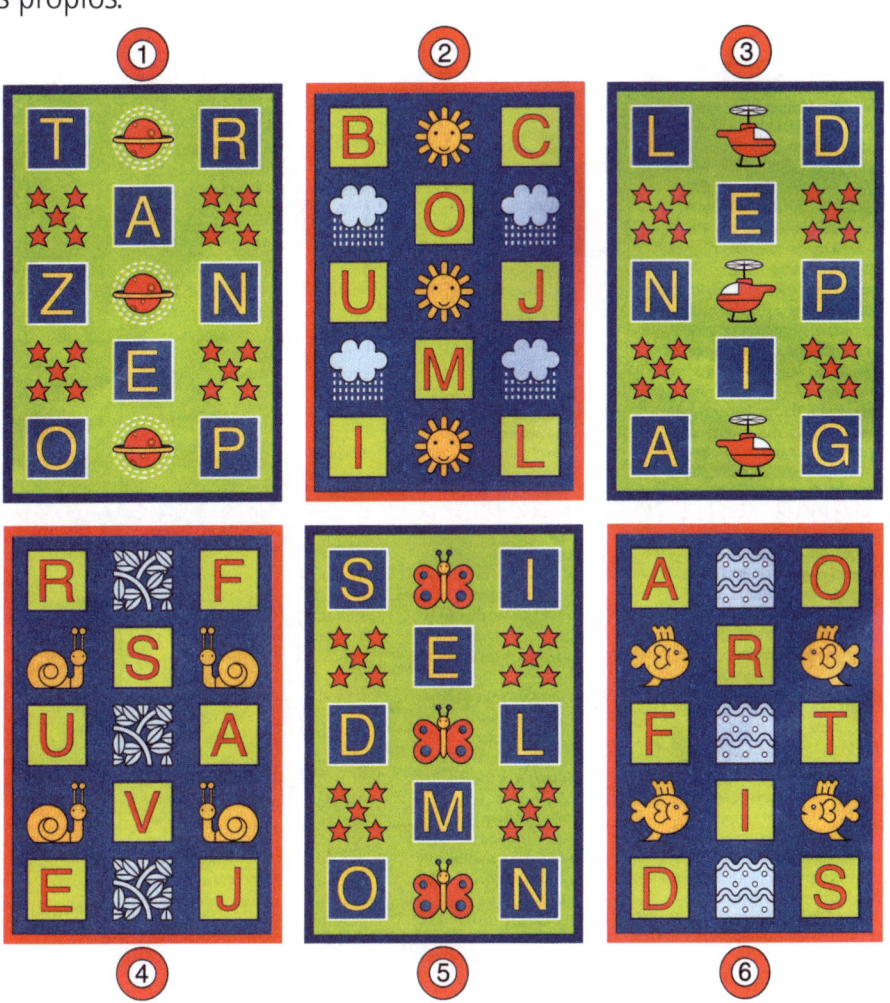

La Revista de Clarín. 11 enero 2004, n. 1445.

Los enigmas de la plaza

Enigma del elefante

¿Cómo se puede levantar un elefante con una mano?

Enigma de los nombres

Clara, la madre de María, tiene cuatro chicos. Al primero lo llamó Sur, al segundo, Norte, a la tercera que es una niña, le puso Este. ¿Qué nombre le puso al hijo más chico que también es una niña?

Solución: **Enigma del elefante:** ¡No te rompas la cabeza! Jamás podrás encontrar un elefante con una mano. **Enigma de los nombres:** María, como se lee al principio del enigma. **Enigma del contrabandista:** bicicletas.

Enigma del contrabandista

Un ciclista pasa todos los días por la frontera entre Argentina y Bolivia llevando su mochila. Los gendarmes sospechan que transporta contrabando pero no pueden averiguar cuál es la mercadería que contrabandea. ¿Se te ocurre qué puede ser?

La Revista de Clarín. 2 enero 2005, n. 1496.

Sugerencia de lectura: El texto sugerido es un texto dramático corto que trata de la discriminación racial. Puede ser leído y discutido, o puede prepararse una mini representación.
GUILLÉN, Nicolás. Poema con niños. In: *Antología mayor*. México: Editorial Diógenes S.A., 1972. Disponível em: <http://www.tablasalarcos.met.cu/libretos/lib_59.htm>. Acceso: el 1 de agosto de 2011.

unidad **2**

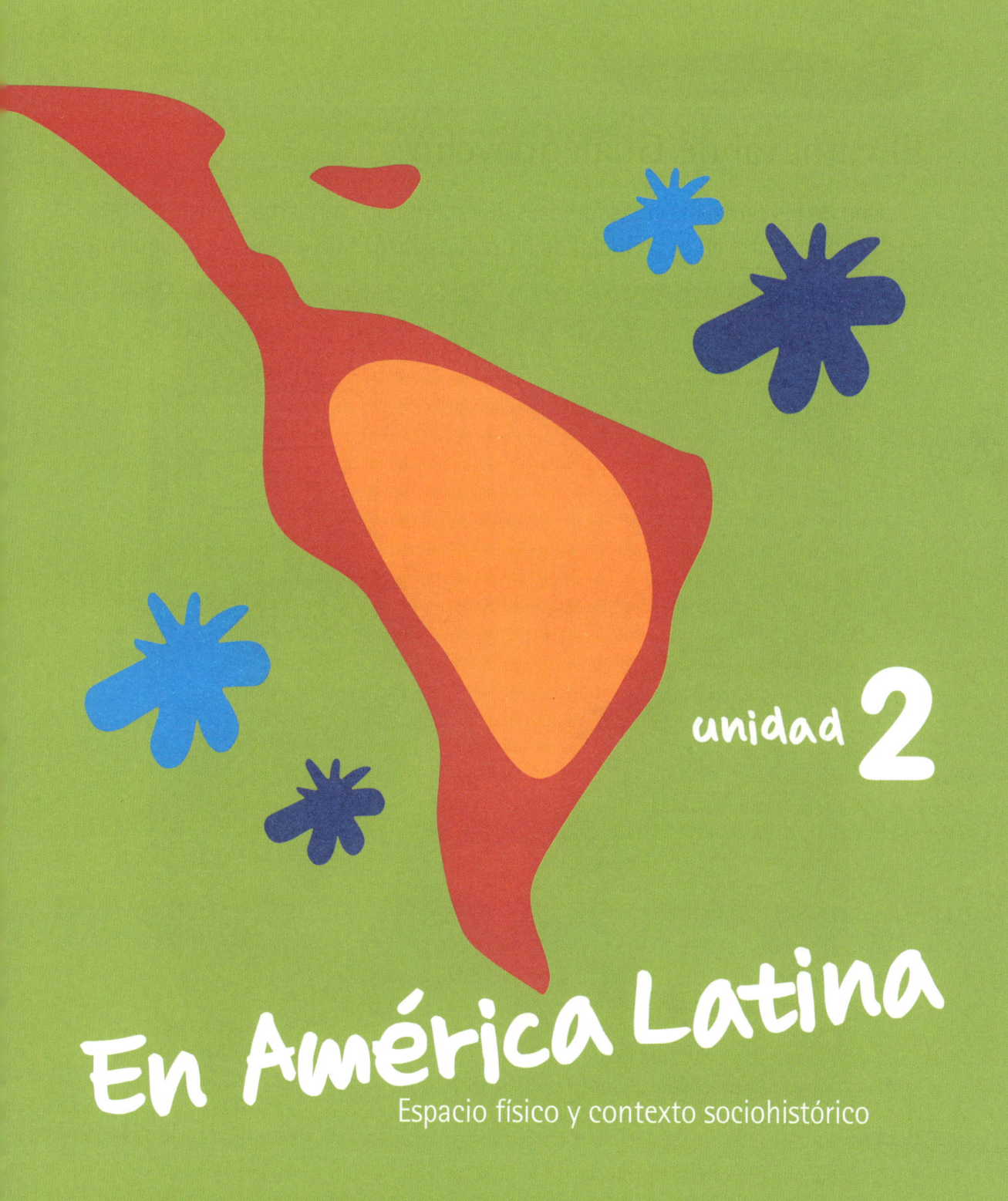

En América Latina

Espacio físico y contexto sociohistórico

Objetivo:
Elaborar un texto descriptivo.

Calentando el motor

El carnaval de Gualeguaychú

Uno de los carnavales más famosos de Argentina – con largas y vistosas comparsas – transcurre en esta ciudad de Entre Ríos. Disfrútalo y resuelve lo siguiente:

Juego de Los Chicos, Por Oche Califa - Dibujos Diego Pares.

Busca:

- Una parada de colectivos (autobuses).
- El aviso de No arrojar agua.
- Un fantasma.
- Un ratón toma mate.
- Un león.
- Un señor caza mariposas.
- El almanaque 2004.
- Los nombres de otras tres ciudades de Entre Ríos están escritos en algún lugar. ¿Cuáles son?

Puerta de acceso

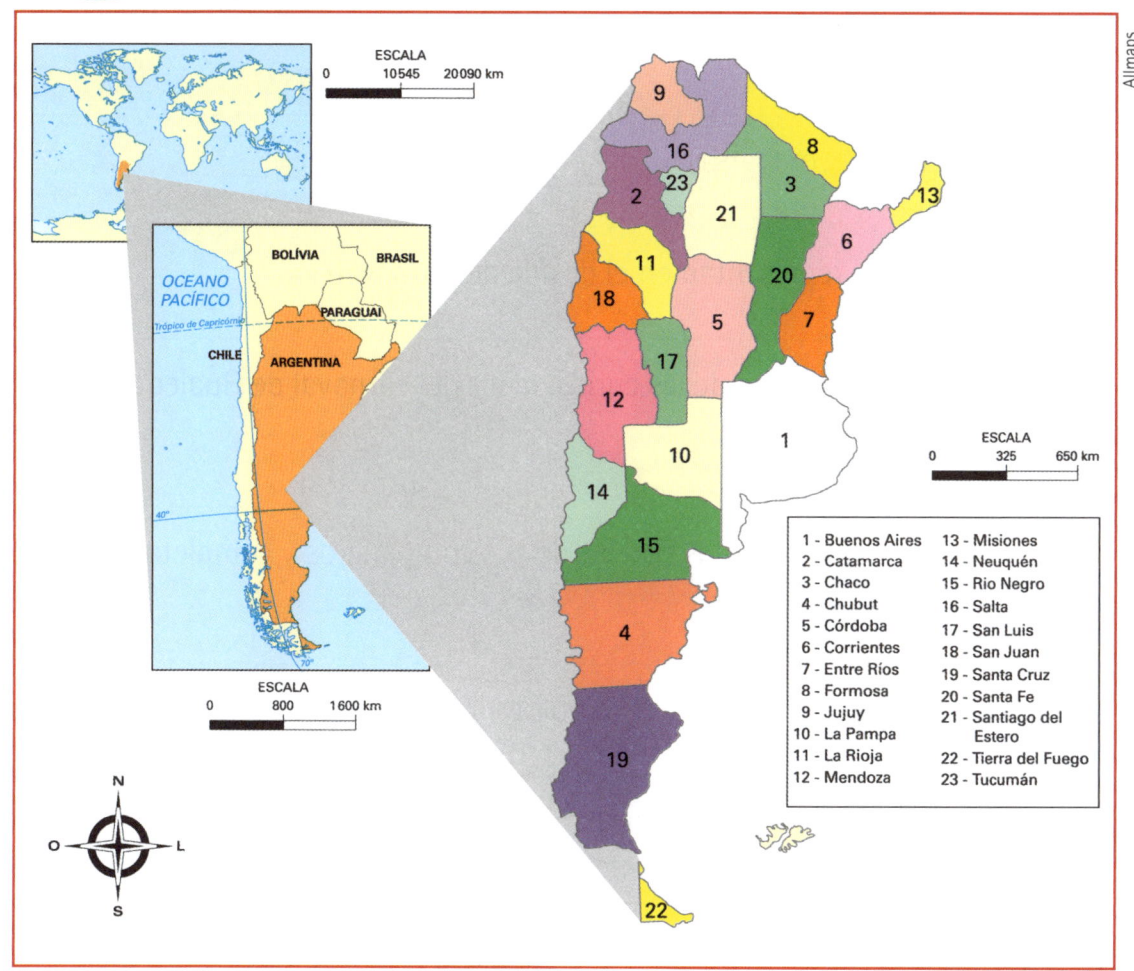

1. En el mapa de Argentina, ubica Gualeguaychú (provincia de Entre Ríos).

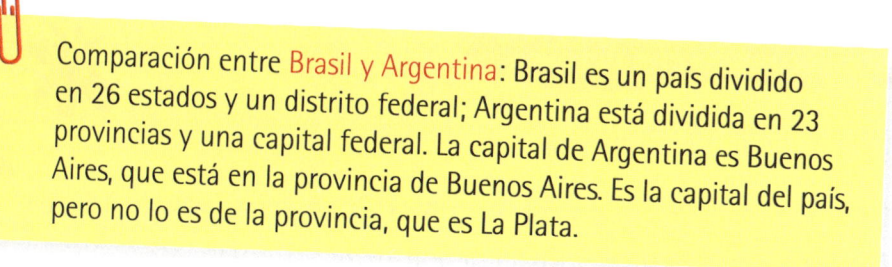

> Comparación entre Brasil y Argentina: Brasil es un país dividido en 26 estados y un distrito federal; Argentina está dividida en 23 provincias y una capital federal. La capital de Argentina es Buenos Aires, que está en la provincia de Buenos Aires. Es la capital del país, pero no lo es de la provincia, que es La Plata.

2. Colorea según tu preferencia el espacio correspondiente a la capital de Argentina y escribe su nombre.

3. Busca datos sobre el carnaval de Gualeguaychú y contesta las siguientes preguntas:

a) ¿Cuándo empieza?

b) ¿Qué son las comparsas?

c) ¿Qué temas representan en el desfile de Carnaval?

d) ¿Cuáles son algunas de las curiosidades del carnaval de Gualeguaychú?

e) Compara tus respuestas con las de tus compañeros y completa lo que te falte.

f) ¿En qué sentido dice el perrito que todos los árboles están ocupados?

g) "Flasheó" significa literalmente que "usó el flash" para sacar la foto, pero aquí significa metafóricamente "me cautivó"/ "me enamoró". Relacionando "flash" y "enamoramiento", ¿a qué tipo de amor se refiere la chica?

Interactuando con el texto

En grupos de 4 ó 5 alumnos.

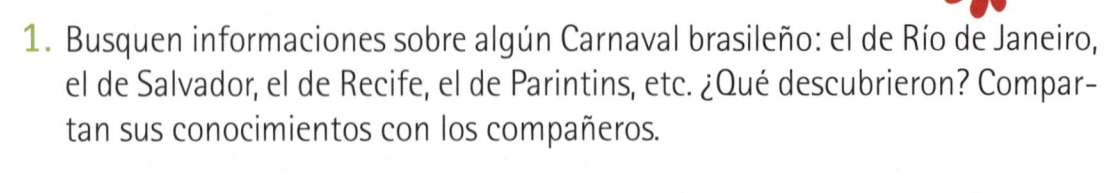

1. Busquen informaciones sobre algún Carnaval brasileño: el de Río de Janeiro, el de Salvador, el de Recife, el de Parintins, etc. ¿Qué descubrieron? Compartan sus conocimientos con los compañeros.

2. ¿En qué se distingue el Carnaval brasileño que investigaron del Carnaval de Gualeguaychú?

Carnaval de Brasil
Escolas de samba

Carnaval de Gualeguaychú
Comparsas

_____

_____

3. ¿Se celebra el Carnaval en su región? Expliquen cómo es.

_____

_____

4. Organicen todas las informaciones en una cartulina, añadan algunas ilustraciones y expónganla en el mural de su escuela.

5. Lean la "marchinha" Abre Alas y busquen en <www.suapesquisa.com/carnaval/marchinhas_carnaval.htm> su versión original en portugués.

Oh Abre Alas
Que quiero pasar (x2)

Yo soy de lira
No puedo negar (x2)

Oh Abre Alas
Que quiero pasar (x2)

Rosas de Oro es la que va a ganar (x2)

Disponível em: <http://www.letras.com.br/chiquinha-gonzaga/o-abre-alas/traducao-espanhol>. Acceso: el 15 de noviembre de 2011.

a) Cópienla a seguir:

_____

_____

_____

b) ¿Quién es su autor(a)? Anoten sus principales datos biográficos.

_____

_____

Puerta de acceso

¿Dónde estás?

LEGENDA
— Fronteira internacional
······ Limite estadual

ESCALA APROXIMADA
1:62 000 000

0 m 310 620 1 240 km

Projeção Retangular

Fonte: Adaptado do ATLAS geográfico escolar. Rio de Janeiro: IBGE, 2002. p.38.

1. Elige un color distinto para cada uno de los países de colonización española. Coloréalos debidamente y escribe el nombre de sus capitales.

2. Con ayuda de un atlas, señala el Estado brasileño donde vives y escribe el nombre de su capital.

3. Observa el siguiente texto publicitario:

3º FESTIVAL DO PARANÁ DE CINEMA BRASILEIRO LATINO
6 A 12 DE OUTUBRO • MUSEU OSCAR NIEMEYER-MON
WWW.FESTIVALDECINEMA.PR.GOV.BR • SESSÕES: DAS 9H ÀS 20H30 • ENTRADA FRANCA

4. ¿Por qué está separado "brasileño" de "latino"? Con ayuda de tu profesor(a) de Historia y de un buen diccionario, explica cuál es la diferencia de sentido que, en general, se le atribuye a las palabras "brasileño" y "latino". Anótalo a continuación:

Brasileño:

_____

Latino:

_____

5. Discute con tus compañeros si los brasileños son latinos o no y anota la respuesta a seguir.

_____
_____

> Discutan entre todos la connotación negativa de "latino". Por ej.: en los Estados Unidos o en Brasil.

Puerta de acceso

Mujer americana: "Palabra descalza"

Soy una,
y son todas las mujeres
de mi América sufrida.
Mi sangre son los ríos
que bajan torrentosos
desde el cobre y la nieve
de la Cordillera.
En mí habitan valles
y montañas,
la selva misteriosa
y las praderas.
Es guitarra mi cuerpo
entre unas manos
y a veces, sonido lastimero
de una quena.
Soy una
y soy todas las mujeres
nacidas en la América;
la india sosteniendo
las ventiscas,
la negra del asombro
en sus ojeras,
la cálida mujer
del Mar Caribe,
la cimbreante mujer
como palmera,
la tímida mujer
del Altiplano
y la altiva mujer
que abre fronteras.
Soy una,
y soy todas las mujeres
de mi América,
nacidas para modelar
el barro de los días
y pintarlo de luz
con las estrellas.
Soy la que amasa
el pan, y bebe el vino
y ofrece el agasajo
de su mesa.
[...]
Blanca, india, negra,
cristiana, musulmana,
budista o atea.
Soy solamente una mujer
una mujer que vive,
una mujer que sueña
una y todas
las mujeres sufridas
de mi América.

Quena: flauta de caña, típica de Ecuador, Bolivia, Perú y norte de Argentina.

Cimbreante: larga, delgada y flexible, que se mueve con gracia.

GENTA, Graciela. Mujer americana: **Palabra descalza**. In: CBA Imprenta Editorial: Montevideo, 2009.

1. Según el poema, lo que caracteriza a la mujer americana es:

   a) no hay mezcla de razas;

   b) básicamente es de origen negro;

   c) la separación de los grupos raciales;

   d) el mestizaje entre varios grupos raciales.

2. La autora del poema se compara a la naturaleza. Destaca los versos donde aparece esa comparación.

   _____

   _____

3. Subraya las expresiones que caracterizan a la mujer americana y justifica tu respuesta.

   a) mujer caliente
   b) mujer tímida
   c) mujer generosa
   d) mujer envidiosa
   e) mujer laboriosa
   f) mujer dolorida
   g) mujer sacrificada
   h) mujer de varias religiones
   i) mujer desconfiada
   j) mujer solitaria
   k) mujer soñadora.

4. ¿Cuáles son las referencias al universo latinoamericano que aparecen en el poema?

   _____

   _____

   _____

5. Cuando menciona "la selva misteriosa", ¿a cuál selva se referiría la autora?

   _____

   _____

   _____

Interactuando con el texto

En parejas.

1. Además de la "quena", que es una flauta de caña, de origen indígena, típica de la región andina, ¿qué otros objetos originarios de la cultura indígena se conocen hasta hoy?

Escuchando

Pista 6

1. Escucha y relaciona la primera columna con la segunda, según el significado de los nombres de los países latinoamericanos.

1ª columna	2ª columna
(a) México	( ) Palo de Brasil.
(b) Guatemala	( ) Gracias a Dios.
(c) Honduras	( ) Donde termina la tierra.
(d) El Salvador	( ) Cristóbal Colón (en latín, Colombus).
(e) Nicaragua	( ) Pequeña Venecia.
(f) Costa Rica	( ) Ombligo de la luna.
(g) Panamá	( ) Agua que va hacia el agua.
(h) Venezuela	( ) En lengua kuna significa "abundancia de peces".
(i) Colombia	( ) Río de los grandes pájaros de colores.
(j) Ecuador	( ) Alusión a la salida de las riquezas desde el puerto de San Juan, actual capital del país.
(k) Perú	( ) Lugar de muchos árboles.
(l) Bolivia	( ) Color plateado (en latín, plata es argentum).
(m) Paraguay	( ) En latín, significa "domingo, Día del Señor".
(n) Brasil	( ) Jesús, Salvador del Mundo.
(o) Uruguay	( ) "Hasta aquí llega Anáhuac", el imperio azteca.
(p) Argentina	( ) Igualar. País situado a la mitad del mundo.
(q) Chile	( ) Abrev. De "cubanacán"= "en el centro".
(r) Cuba	( ) Costas donde los nativos usaban ricas joyas.
(s) Rep. Dominicana	( ) "Virú", la cultura nativa.
(t) Puerto Rico	( ) Lleva su nombre en honor al Libertador Simón Bolívar.

Escuchando

Pista 7

Escucha y completa el texto con las informaciones que faltan:

Ñandutí

El **ñandutí**, que _____ en guaraní **tela de araña**, y es el símbolo de la ciudad de Itauguá, es considerada como la reina de toda la _____ de la República del _____.

Fue introducido por los conquistadores _____, durante la Colonia, y guarda fuerte remembranza con el "tejido de Tenerife".

Es un encaje de _____, se teje sobre bastidores en círculos radiales, se bordan motivos geométricos o zoomorfos, en hilo _____ o en vivos colores. Preferentemente, se realizan detalles para _____, ornamentos religiosos, _____, abanicos, todo tipo de artículos ornamentales.

Según la leyenda, el ñandutí fue creado por una mujer _____, que se inspiró en la tela de una araña de la selva.

<http://www.es.wikipedia.org/wiki/%C3%91andut%C3%AD>. Acceso: el 28 de octubre de 2011.

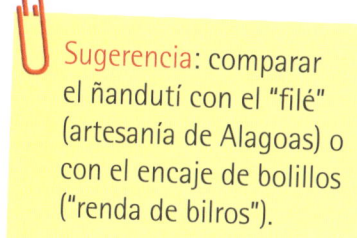

Sugerencia: comparar el ñandutí con el "filé" (artesanía de Alagoas) o con el encaje de bolillos ("renda de bilros").

1. ¿Qué es el ñandutí?

_____

2. ¿Para qué sirve normalmente el tejido ñandutí?

_____

3. En el texto aparecen dos explicaciones para el origen del ñandutí. ¿Cuáles son?

_____

_____

4. Consulta un diccionario y explica qué significa la frase "se bordan motivos geométricos o zoomorfos".

_____

_____

Interactuando con el texto

En equipos de 4 ó 5 compañeros.

1. Observen el plano de la ciudad de Asunción y algunos de sus atractivos.

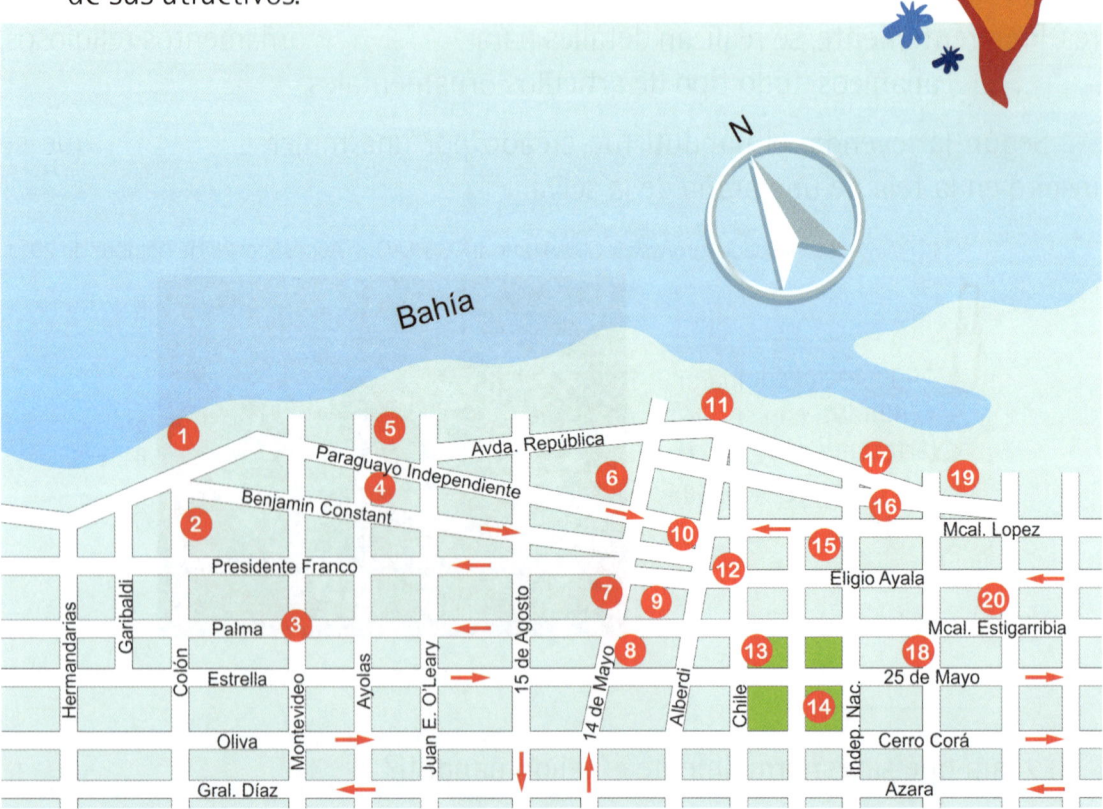

<http://www.uninet.com.py/paraguay/asuncion_map1.html>. Acceso: el 28 de octubre de 2011.

1. Puerto de Asunción
2. Recova
3. Calle Palma
4. Manzana de la Rivera – Casa Viola
5. Palacio de Gobierno
6. Casa de la Cultura
7. Casa de la Independencia
8. Banco de Asunción
9. Dirección de Turismo
10. Correo Central
11. El Congreso Nacional – Palacio Legislativo
12. Teatro Municipal
13. Oratorio de la virgen de Nuestra Señora de la Asunción y Panteón Nacional de los Héroes
14. Plaza y Estacionamento Subterráneo
15. Central de Policía
16. Iglesia Catedral
17. Universidad Católica
18. Facultad de Derecho
19. Avenida Costanera
20. Museo de Bellas Artes y Archivo Nacional

2. Completen debidamente los huecos.

   La brújula indica el Norte (N). Al otro lado está el _____ (S); en el lado derecho está el _____ (E) y en el izquierdo, el _____ (O).

3. Observen el plano de la ciudad de Asunción y contesten:
   a) ¿Qué representa el nº 13?

   b) ¿Dónde está ubicado?

   c) Si están en la calle Alberdi, ¿cómo se puede llegar al Palacio Legislativo y Congreso Nacional?

4. Lean los datos geográficos de Asunción en la página siguiente. Con ayuda de su profesor (a) de Geografía, expliquen qué significa la siguiente información: sus coordenadas son: 25° 17' 39" S 57° 38' 31" O.

Asunción

Está ubicada en la orilla izquierda (oriental) del río Paraguay, casi frente a la confluencia de éste con el río Pilcomayo, bordeando la bahía de Asunción. Al noreste limita con la ciudad de Mariano Roque Alonso, al este con Luque y Fernando de la Mora, y al sur con Lambaré y Villa Elisa. Sus coordenadas son: 25º 17' 39" S 57º 38' 31" O.

º = grados;
' = minutos;
" = segundos (medidas de ángulos para la Latitud y Longitud).

Vista panorámica del centro de Asunción, mostrando la avenida Mariscal Lopez (Paraguay).

1. Con ayuda del profesor (a) de Geografía, expliquen qué significan los símbolos º ' ".

2. Averigüen y anoten las coordenadas de su ciudad:

Escuchando

Pista 8

Escucha la grabación y contesta las preguntas sobre los puntos turísticos de Asunción:

Casa de la Cultura

- ¿Qué hay de interés histórico para ver en la Casa de la Cultura?

_____

_____

Casa de la Cultura, Asunción (Paraguay), 2011.

Casa de la Independencia

- ¿Por qué se llama Casa de la Independencia?

_____

_____

Casa de la Independencia, Asunción (Paraguay), 2011.

Calle Palma

- ¿Por qué es interesante conocer la Calle Palma?

_____

Calle Palma, Asunción (Paraguay), 2010.

Practicando la lengua

1. Lean las siguientes frases y discutan las diferencias entre las tres:

   a) Asunción **está** (queda) a la orilla del río Paraguay.

   b) En Asunción **hay** (existe) un teatro muy interesante.

   c) Asunción **tiene** (posee) varias casas coloniales.

2. Completa adecuadamente los espacios con las palabras de la canasta, de acuerdo con el texto sobre los puntos turísticos de Lima, capital de Perú.

tiene · están · hay · tienen · está · es

Atracciones en Lima

Texto A: Centro Histórico en Lima

En Lima nunca _____ tiempo muerto para el viajero. _____ tantos rincones por conocer y descubrir, que se _____ la impresión de que las horas "se pasan volando", como diría más de un limeño.

Por eso, cuando visite la ciudad, trate de aprovechar al máximo su tiempo, para que pueda recorrer el Centro Histórico con sus antiguas casonas y sus imponentes conventos e iglesias, sus restos precolombinos, sus museos y plazas.

Centro Histórico em Lima (Peru).

Texto B: Catedral de Lima

_____ en la Plaza Mayor y comenzó a construirse el mismo día de la fundación de la ciudad, 18 de enero de 1535. Originalmente, fue un templo modesto, pero en 1564 el alarife Jerónimo de Loayza diseñó un templo de grandes dimensiones, parecido a la Catedral de Sevilla.

Catedral de Lima (Peru).

Texto C: Convento de Santo Domingo

Es el convento más antiguo y por sus características arquitectónicas _____ uno de los rincones más armónicos de la ciudad. A la derecha de su altar mayor, _____ los restos de Santa Rosa de Santa Rosa de Lima, San Martín de Porres y del Beato Juan Masías.

Igreja e Convento de Santo Domingo em Lima (Peru), 1900.

Alarife: arquitecto.

Texto D: Convento de San Francisco

Por su magnífica unidad de volumen y color, este conjunto arquitectónico _____ considerado como el ambiente monumental más logrado de Hispanoamérica. Su construcción se inició en 1542 y concluyó en 1674. El convento, los claustros y la portería _____ adornados con azulejos sevillanos y, debajo de ellos, _____ galerías subterráneas o catacumbas que, en la época virreinal, sirvieron como cementerio.

Convento de San Francisco.

<http://www.enjoyperu.com/guiadedestinos/lima/intro/index2.htm> (Adaptado). Acceso: el 28 de octubre de 2011.

Explorando el texto

En parejas.

1. En el texto A, ¿a quién se dirige el autor al afirmar "cuando visite la ciudad, trate de aprovechar el máximo su tiempo"?

   _____
   _____

2. Al final del texto D aparece su referencia, es decir, la información de donde fue sacado: <http://www.enjoyperu.com/guiadedestinos/lima/intro/index2.htm>. ¿Qué expresiones confirman que es un texto dirigido especialmente a turistas?

   _____
   _____

3. ¿Por qué se sugiere que en Lima se debe aprovechar al máximo el tiempo?

   _____
   _____
   _____

Practicando la lengua

En grupos de 3 ó 4 compañeros.

1. Con ayuda de su profesor(a) examinen las formas verbales "visite", "trate de aprovechar" y "para que pueda recorrer" y discutan por qué se usa la tercera persona singular (usted) y no la segunda persona singular (tú).

   _____
   _____
   _____

2. Observen el siguiente recuadro y señalen la opción adecuada.

Formal	Informal
Usted = o senhor, a senhora	Tú = você
Ustedes = os senhores, as senhoras	Ustedes = vocês

a) Entre dos adultos desconocidos:
  • ¿Me puede decir dónde hay una farmacia?
  • Cómo no. Allí, a la derecha.
  ( ) Formal   ( ) Informal

b) Entre dos hermanos:
  • Oye ¿me dejas tu birome?
  • Sí, pero no me la pierdas.
  ( ) Formal   ( ) Informal

c) Entre el hijo y su padre:
  • Cuando eras joven ¿viajabas mucho?
  • Mucho menos de lo que me hubiera gustado.
  ( ) Formal   ( ) Informal

d) Entre el alumno y su profesor:
  • ¿Cómo está usted?
  • Muy bien, ¿y tú?
  ( ) Formal   ( ) Informal
  ( ) Formal e Informal

3. En el texto A se usa "su"/ "sus" (seu, sua, seus, suas) cinco veces.

3.1. ¿A qué/ quién se refiere el "su" de "trate de aprovechar al máximo su tiempo"?

_____

3.2. ¿A qué/ quién se refieren los demás "sus"?

  a) sus antiguas casonas;

  b) sus imponentes conventos e iglesias;

  c) sus restos precolombinos;

  d) sus museos y plazas?

4. Según los textos sobre Lima, señala la alternativa correcta. ¿Qué significan?

  4.1. "...tantos rincones por conocer" (texto A):

  a) los rincones ya son conocidos.

  b) existen rincones que aún no son conocidos.

  4.2. "...como diría más de un limeño" (texto A):

  a) es probable que un limeño lo diga.

  b) es imposible que un limeño lo diga.

  4.3. "...sus restos precolombinos" (texto A):

  a) los vestigios de la civilización indígena anterior a la llegada de Colón.

  b) los restos mortales de Cristóbal Colón.

  4.4. "el monumento más bien logrado de Hispanoamérica" (texto D):

  a) el monumento más bonito de Hispanoamérica.

  b) el monumento más engañoso de Hispanoamérica.

Interactuando con el texto

En grupos de 3 ó 4 compañeros.

1. La catedral de Lima (Perú) es comparada a la de Sevilla (España). Busquen en el sitio <http://www.catedraldesevilla.es/> informaciones sobre la catedral de Sevilla y anoten:

  a) el año de su fundación: _____

  b) su estilo arquitectónico: _____

  c) los datos históricos: _____

2. Averigüen la historia de la iglesia más importante de su ciudad/región y anoten:

  a) su nombre: _____

  b) el año de su fundación: _____

  c) algunas curiosidades: _____

Puerta de acceso

Asunción

La Muy Noble y Leal Ciudad de Nuestra Señora Santa María de la Asunción (nombre oficial de la ciudad) es el establecimiento permanente más antiguo fundado por los españoles en la cuenca del Río de la Plata.

Es conocida como la "Madre de las Ciudades", porque durante la Conquista partieron desde ella varias expediciones con el objetivo de fundar otras ciudades del cono sur americano, entre ellas Buenos Aires por segunda vez, luego del fallido intento de 1536. El sitio donde hoy se ubica la ciudad, habitado en un principio por indios carios, fue probablemente visitado por Juan de Ayolas en la expedición que ordenó Pedro de Mendoza desde la primera Buenos Aires, y es por esta razón que a Ayolas se le atribuía antes su fundación; pero luego se comprobó que el fuerte llamado Nuestra Señora de la Asunción fue fundado el 15 de agosto de 1537 por Juan de Salazar y Espinosa de los Monteros, quien justamente había ido en búsqueda de Ayolas. Dicho fuerte se convirtió en ciudad con la creación del Cabildo el 16 de septiembre de 1541, puesto que hasta entonces sólo existía un gobierno de carácter militar.

Palacio de los López, Asunción (Paraguay).

Durante la época colonial, en 1731, tuvo en Asunción el foco principal de una rebelión a mando de José de Antequera y Castro, la cual fue una de las primeras reacciones contra el dominio colonial español. Este alzamiento fallido se conoce como la Revuelta de los Comuneros. Ya en la época independiente, durante el gobierno de José Gaspar Rodríguez de Francia, la mayor parte del centro fue demolida para rehacer la planta urbana en forma de cuadrícula. Luego de la Guerra de la Triple Alianza (1865 – 1870), Asunción fue ocupada por tropas brasileñas y aliadas desde enero de 1869, hecho conocido como Saqueo de Asunción, hasta 1876.

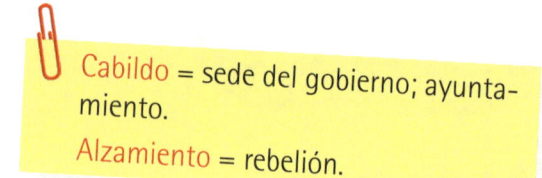

Al terminar la Guerra de la Triple Alianza, Asunción inició su penosa reconstrucción, a finales del siglo XIX, así como a comienzos del siglo XX, comenzó un flujo considerable de inmigrantes procedentes de Europa y del Imperio Otomano, lo cual imprimió a la ciudad un importante cambio en su panorama urbano; se construyeron numerosas edificaciones y Asunción volvió a vivir una época de prosperidad que no conocía desde antes de la guerra.

<http://es.wikipedia.org/wiki/Asunci%C3%B3n>. (Adaptado). Acceso: el 28 de octubre de 2011.

> Cabildo = sede del gobierno; ayuntamiento.
> Alzamiento = rebelión.

1. Ordena la historia de Asunción por fecha, completando los huecos.

    a) Fundación en 1537 por Juan de Salazar y Espinosa de los Monteros.

    b) Creación del Cabildo el _____.

    c) Revuelta de los Comuneros en _____ a comando de José de Antequera y Castro.

    d) Inicio de la Guerra de la Triple Alianza en _____.

    e) Fin de la ocupación de Asunción por tropas brasileñas en _____.

    f) Flujo inmigratorio europeo entre el final del siglo XIX y el comienzo del siglo _____.

2. Explica por qué Asunción es conocida como la "Madre de las Ciudades".

_____
_____
_____

3. Según el texto, señala las alternativas correctas.

   a) El primer intento de fundar Buenos Aires en 1536 fracasó.

   b) Hoy se sabe que el verdadero fundador de Buenos Aires fue Juan de Ayolas.

   c) Pedro de Mendoza envió una expedición a Buenos Aires desde Asunción en 1536.

   d) El origen de Buenos Aires es un fuerte construido por Juan de Salazar y Espinosa de los Monteros en 1537.

4. Corrige las alternativas incorrectas de la cuestión anterior.

   _____

   _____

5. ¿Cómo fue el proceso de transformación del fuerte llamado Nuestra Señora de Asunción en ciudad?

   _____

   _____

6. ¿Qué informaciones importantes sobre Asunción constan en el texto? Señala las alternativas correctas.

   a) su nombre oficial;   e) su comercio con Brasil;
   b) su fundación;   f) su arquitectura;
   c) sus puntos turísticos;   g) su historia.
   d) su ubicación geográfica;

Explorando el texto

1. Anota a seguir la fuente bibliográfica de donde fue sacado el texto "Asunción".

   _____

   _____

2. Con la ayuda de un diccionario, anota las palabras sinónimas de "rebelión" que aparecen en el texto:

_____

_____

3. Explica, en portugués, la frase "lo cual imprimió a la ciudad un importante cambio en su panorama urbano", destacando qué provocó el cambio en el panorama urbano de Asunción.

_____

_____

Interactuando con el texto

Del Mercosur
(Mercado Común del Sur) forman parte oficialmente Brasil, Argentina, Uruguay, Paraguay y Chile.

En parejas.

1. Busquen ayuda de su profesor(a) de Historia y anoten a seguir cuáles países componen el cono sur americano.

_____

_____

2. Busquen datos sobre los indios carios que vivían en el lugar donde hoy es Asunción y anoten cómo fue su relación con los españoles.

_____

_____

3. ¿Qué países constituyeron la Triple Alianza en la Guerra del Paraguay?

_____

4. ¿Cuál fue el resultado de la Guerra de la Triple Alianza?

_____

_____

_____

5. Con la ayuda de su profesor(a) de Historia, anoten qué pueblos europeos emigraron al Paraguay a comienzos del s. XX.

_____

6. ¿Qué es el Imperio Otomano?

_____

En grupos de 3 ó 4 compañeros.

7. Basándose en los datos obtenidos en las actividades anteriores, completen el siguiente cuadro sobre los principales flujos de inmigración europea en el siglo XX.

Al Paraguay	A Brasil
Alemanes	Alemanes
Italianos	Italianos
Españoles	Españoles
_____	_____

8. En la época de la Guerra del Paraguay, ¿quién gobernaba ese país? ¿Y quién gobernaba Brasil?

_____

9. ¿Quién se hizo famoso como comandante de las tropas brasileñas contra los paraguayos?

_____

10. ¿Cuál era la capital de Brasil en esa época?

_____

Practicando la lengua

Así como en el territorio que corresponde a la actual Asunción vivían los carios, pariente de los "carijós" brasileños, en la región colombiana vivían y viven los cubeos.

¡A divertirse como los niños cubeos!
Chaidu Carañai...
¡Pellizquémonos!

En grupos de 5 compañeros:

En orden, cada jugador coloca una mano sobre la mano del otro y dice: "carañai, carañai, carañai, carañai, carañai".

Después de repetir cinco veces de forma rápida la palabra "carañai", debe pellizcar suavemente la mano del (de la) amigo (a) diciendo, "ñai, ñai, ñai, ñai, ñai", también cinco veces.

El jugador(los jugadores) que no consiga(n) repetir correctamente las palabras deberá(n) salir del juego.

<small>Monos. Revista dominical para niños de El Espectador, nº 117, Bogotá, 21 de febrero de 1993.</small>

Entra(n) otro(s) compañero(s) para completar el grupo de 5 personas.

En esta ronda, se repite el juego, pero la palabra que deben decir es "milanesa". Después de repetir cinco veces de forma rápida la palabra "milanesa", debe pellizcar suavemente la mano del (de la) amigo(a) diciendo, "nesa, nesa, nesa, nesa, nesa", también cinco veces.

Se completa el grupo de 5 personas de nuevo para repetir el juego. En la tercera ronda, la palabra que deben repetir es "jarrón". Después de repetir cinco veces de forma rápida la palabra "jarrón", debe pellizcar suavemente la mano del (de la) amigo (a) diciendo, "rón, rón, rón, rón, rón", también cinco veces.

> Se puede usar palabras o expresiones que suelen causar dificultades de pronunciación, como las que terminan en –l (sol, sal, girasol, etc.), las vocales cerradas (café, bebé, etc.) la –v – y la –b – (uva, vaca, bobo, Barcelona, etc.).

Produciendo un texto propio

En grupos de 4 ó 5 compañeros.

A su ciudad va a llegar un grupo de estudiantes argentinos. La primera tarea es elaborar un plano de la ciudad, que será distribuido a cada uno de los visitantes.

1. Busquen un plano de su ciudad.

2. Señalen con números los puntos turísticos más importantes, según el modelo del plano de Asunción.

3. Escojan tres de los sitios turísticos que consideren más interesantes.

4. Con la ayuda de su profesor (a), preparen un mini texto dirigido a los visitantes.

   a) Nombre del lugar o del monumento;

   b) Dónde está;

   c) Por qué es importante visitarlo;

   d) Usen palabras como: grandioso, histórico, tradicional, antiguo, moderno, bien logrado; lugar tranquilo, sin contaminación, relajante, divertido, etc.

   e) Ilustren el plano con fotos o dibujos;

5. La segunda tarea es exponerlo en el mural de la escuela.

Puerta de salida

1. ¿Qué son los mariachis?

   _____

   _____

Una de las canciones mexicanas más tradicionales es "Cielito lindo", escrita en 1882 por Quirino Mendoza y Cortes. Se ha convertido en el símbolo informal del país, especialmente en el extranjero, donde grupos de mexicanos la cantan por identificarse y localizarse. Curiosamente, la mayoría de los mexicanos sólo conocen el coro y las dos primeras estrofas y pocas veces, las otras dos.

Ahora, ¡a cantar!

Cielito lindo

De la sierra morena,
Cielito lindo, vienen bajando
Un par de ojitos negros,
Cielito lindo, de contrabando.

Coro
¡Ay! ¡ay! ¡ay! ¡ay!, ¡canta y no llores!
Porque cantando se alegran,
Cielito lindo, los corazones.

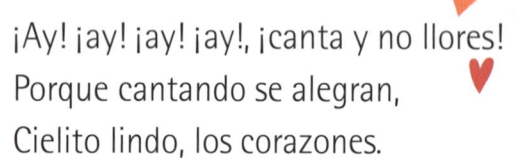

Ese lunar que tienes,
Cielito lindo, junto a la boca
No se lo des a nadie, Cielito lindo,
Que a mí me toca.

Coro
¡Ay! ¡ay! ¡ay! ¡ay!, ¡canta y no llores!
Porque cantando se alegran,
Cielito lindo, los corazones.

De tu casa a la mía,
Cielito lindo, no hay más que un paso
Ahora que estamos solos,
Cielito lindo, dame un abrazo.

Coro
¡Ay! ¡ay! ¡ay! ¡ay!, ¡canta y no llores!
Porque cantando se alegran,
Cielito lindo, los corazones.

Una flecha en el aire,
Cielito lindo, lanzó Cupido
Y como fue jugando,
Cielito lindo, yo fui el herido.

Coro
¡Ay! ¡ay! ¡ay! ¡ay!, ¡canta y no llores!
Porque cantando se alegran,
Cielito lindo, los corazones.

<http://es.wikipedia.org/wiki/Cielito_Lindo>.
Acceso: el 11 de enero de 2012.

> No se olviden que el brasileño también es un latinoamericano.

Sugerencia de lectura

1. Una leyenda indígena. Destaque la relación entre la leyenda y la cultura local.
2. KIRINUS, Gloria. *Quando as montanhas conversam/ Cuando los cerros conversan*. Edición bilíngüe. Bogotá: Módulo, 1998.

¡Chau! ¡Hasta el próximo proyecto!

unidad 3

Formas de vivir

Tipos de construcción y problemas de vivienda

Objetivo:
Describir un barrio.

Calentando el motor

A casa

Era uma casa
Muito engraçada
Não tinha teto
Não tinha nada
Ninguém podia entrar nela, não
Porque na casa não tinha chão
Ninguém podia dormir na rede
Porque na casa não tinha parede
Ninguém podia fazer pipi
Porque penico não tinha ali
Mas era feita com muito esmero
Na rua dos Bobos
Número zero

Vinicius de Moraes/Bardotti/Sérgio Endrigo

Imagínate cómo sería la casa descrita por Vinicius de Moraes (1913-1980) y dibújala.

Puerta de acceso

Ahora que ya han cantando la divertida canción de Vinicius de Moraes, es hora de que conozcan en qué se inspiró el poeta/compositor para crearla.

En realidad, el texto original era:

Era uma **casa** muito **engraçada**,
não tinha **teto**, não tinha **nada**.
Ninguém podia entrar nela não,
porque na **casa** não tinha **chão**.
Ninguém podia dormir na **rede**,
porque na **casa** não tinha **parede**.
Ninguém podia fazer **pipi**,
porque **penico** não tinha ali,
mas era feita com **pororó**,
era a **casa** de **Vilaró**.

Casapueblo, Punta Ballena, Uruguay.

1. Anota las dos informaciones nuevas que no constan en la versión conocida:

_____

1.1. Consulta un diccionario de americanismos y anota qué es el pororó.

_____

1.2. Lee el siguiente texto y explica quién es Vilaró.

Vinicius de Moraes.

Carlos Páez Vilaró.

Vilaró es Carlos Páez Vilaró, artista uruguayo, amigo íntimo de Vinicius y creador de Casapueblo, una casa muy especial ubicada en Punta Ballena (Uruguay), donde estuvo hospedado Vinicius de Moraes y donde compuso "A Casa" pensando en sus nietos.

_____

1.3. ¿Qué relación tenía Vinicius de Moraes con Casapueblo?

_____

2. En parejas.

Lean el siguiente texto sobre Casapueblo.

> Casapueblo: Esta es una palabra compuesta de "casa" (vivienda) y "pueblo" (1. Población pequeña; 2. Conjunto de personas que viven en un lugar, región o país).

Casapueblo

Quem passa por Punta Ballena, no Uruguai, a apenas 15 km de Punta del Este, não consegue deixar de se maravilhar com a enorme construção branca, sem nenhuma linha reta, que se esparrama sobre as pedras à beira-mar. Tudo começou em 1958 com uma casinha simples de lata, chamada "La Pionera", que serviria de atelier ao pintor, escultor, arquiteto, cineasta, escritor e ceramista.

Com o tempo, Vilaró começou a cobrir a casa de lata com cimento e cal, pintando sempre o exterior de branco. A casa/atelier foi crescendo e interagindo com o penhasco rochoso de Punta Ballena. Quem a observa, não pode deixar de lembrar de uma mistura de Salvador Dalí com Antonio Gaudí. Todo o encanamento do Casapueblo passa pela construção em relevo nas paredes, como se fossem veias de uma enorme estrutura orgânica. "Escultura para viver", é como o próprio artista chama a sua obra, que, 30 anos depois, ainda não está concluída.

Casapueblo, Punta Ballena, Uruguay.

Vilaró, com mais de 80 anos de idade, continua trabalhando na sua escultura, construindo um quarto aqui, uma sala ali... O Casapueblo hoje conta com mais de 70 quartos, todos batizados com os nomes dos primeiros hóspedes: Pelé, Toquinho, Vinicius, Robert de Niro, Brigitte Bardot, Omar Sharif, Alain Delon...

Mas a melhor coisa do Casapueblo é definitivamente a visão do pôr do sol, que é comemorada com uma cerimônia onde os hóspedes, nas varandas, escutam uma gravação do próprio Vilaró em que ele fala sobre sua amizade com o Sol, que o encontra sempre, no Tahiti ou na África. Com alguma sorte, pode-se assistir ao pôr do sol ao lado do próprio artista, que mantém seu atelier no ponto mais alto de sua construção.

<http://www.pitoresco.com.br/espelho/2005_01/vinicius/vilaro.htm>. Acceso: el 13 de octubre de 2009.

2.1. Según el texto, es correcto afirmar:

a) Una de las características de la casa/atelier de Vilaró es el color blanco de las paredes externas.

b) Vilaró planeó desde el inicio la arquitectura del Casapueblo, detalle por detalle.

c) A Vilaró le gustan las líneas rectas, ya que Casapueblo no posee ninguna línea curva.

d) A veces, Vilaró acompaña a los huéspedes en la contemplación de la puesta de sol.

e) Vilaró no consigue contemplar la puesta de sol en Uruguay.

2.2. Explica, en portugués, qué significa "A casa/atelier foi crescendo e interagindo com o penhasco rochoso de Punta Ballena".

_____
_____
_____
_____

2.3. Vilaró llama a su obra "Escultura para viver". ¿Cuáles son las "características de ser orgánico vivo" de Casapueblo?

_____
_____
_____
_____

Escuchando

Pista 9

3. Escuchen el audio y escriban con sus palabras el penúltimo párrafo del texto.

Casapueblo

Corría el año 1958 y la desolación del paisaje, sin árboles ni caminos trazados, sin luz ni agua, no frenaron su proyecto. La construcción inicial fue una casilla de lata, donde almacenaba puertas, ventanas y materiales para su futura casa.

Luego, con la ayuda de amigos, levantó "La Pionera", su primer atelier sobre los acantilados rocosos. Era de madera, que el mar traía los días de tormenta y que él mismo se encargaba de recoger con la ayuda de los pescadores. En 1960 empezó a cubrirla con cemento y así siguió creciendo, sumando habitaciones como vagones a una locomotora. Dejando resbalar su imaginación al ritmo de los movimientos de las diferentes capas de nivel de la montaña, logró una perfecta integración de la construcción con el paisaje, sin afectar su naturaleza. Sin darse cuenta, con su cuchara de albañil llegó hasta el mar.

Acantilado: costa rocosa cortada casi verticalmente.

_____
_____
_____
_____
_____
_____

Espontáneamente, Casapueblo sigue estirándose hacia el cielo y el mar. Sólo el vuelo de los pájaros podría medir su dimensión.

Disponible en: <http://www.tyhturismo.com/data/destinos/uruguay/paezvilaro.htm>.
Acceso: el 12 de julio de 2011.

"Pido perdón a la arquitectura por mi libertad de hornero."

Estructura en forma de horno en Casapueblo.

3.1. Antes de llamarse Casapueblo, ¿cuál era el nombre de la casita de lata?

_____

3.2. Expliquen qué significa la comparación: "fue sumando habitaciones **como vagones a la locomotora**".

_____

3.3. Consulten un buen diccionario, anoten el significado de las siguientes expresiones y digan qué significan en este texto:

"Dejando resbalar su imaginación al ritmo de los movimientos de las diferentes capas de nivel de la montaña logró una perfecta integración de la construcción con el paisaje, sin afectar su naturaleza".

Diccionario	En este texto
a) resbalar: _____	_____
b) capas: _____	_____
c) logró (lograr): _____	_____

3.4. Basándose en la respuesta del ejercicio anterior, señalen las respuestas correctas.

a) Vilaró tuvo libertad de crear una obra respetando las líneas del paisaje.

b) Vilaró usó su imaginación para remover algunas partes de la montaña para construir su obra.

c) Vilaró vio los diferentes niveles de la montaña e imaginó su obra como parte del paisaje.

d) Vilaró no usó su imaginación para solucionar los problemas que encontró para construir su obra.

3.5. Según el texto, ¿qué significa "Sin darse cuenta, con su cuchara de albañil llegó hasta el mar"?

a) Vilaró iba a buscar más materiales de construcción al mar.

b) Vilaró fue abriendo camino en la arena con su cuchara de albañil.

c) Vilaró fue extendiendo la construcción de la casa hasta cerca del mar.

3.6. ¿Por qué Vilaró pide perdón a la arquitectura por su libertad de hornero?

_____
_____
_____
_____

1. Comparen el formato de Casapueblo con el antiguo horno de pan y/o con el nido del pájaro hornero.

2. El pájaro hornero (joão de barro) es el ave nacional de Argentina y Uruguay.

Interactuando con el texto

En grupos de 3 ó 4 compañeros.

1. ¿Saben qué uso se le da a Casapueblo actualmente?

_____

2. Dicen que Casapueblo hace acordar a otra construcción genial, la del artista catalán Antonio Gaudí. Busquen datos y fotos de sus obras más representativas y pónganlos en el espacio que sigue.

_____

> Hay varios vídeos disponibles en Internet en sitios como Youtube que se pueden encontrar por el título de las obras. <http://www.gaudiallgaudi.com/E0000.htm>. <http://www.casamuseugaudi.org/cat/index.htm>. <http://www.gaudiclub.com/esp/e_vida/e_menu.html>. <http://www.sagradafamilia.org/esp/principal.htm/>.

3. Observen la siguiente foto: ¿tienen razón los que encuentran algún parecido entre Gaudí y Vilaró? Justifiquen su respuesta.

Este edificio, llamado Casa Milá, es más conocido por su nombre catalán la Pedrera (que en castellano significa "la cantera"), forma en que fue bautizado popularmente por el sorprendente aspecto pétreo de su fachada. Fue construido entre 1906-1910. Barcelona, España.

Disponible en:<http://www.antonio-guerrero.org/GAUDI-pedrera.htm>. Acceso: el 28 de octubro de 2011.

_____
_____
_____

Interactuando con el texto

1. En catalán es "pedrera"; en castellano, "cantera"; en portugués de Brasil es _____.

2. ¿Cuál es la región de España donde el catalán es una de las lenguas oficiales?

3. Averigua cuáles son las demás lenguas oficiales habladas en España.

4. ¿Cuáles son las lenguas oficiales del Mercosur?

5. El idioma oficial de Brasil es el portugués, pero éste posee variedades léxicas regionales. Por ej.: bergamota/ mixirica/ mimosa. Consulta a tu profesor(a) de portugués y anota otros dos o tres ejemplos.

6. La variación léxica se encuentra también en el mundo hispánico. Lo que, por ejemplo, en Argentina se llama "arveja", en España es "guisante", lo que es "ómnibus" en el Uruguay es "guagua" en Cuba. Consulta un diccionario de americanismos y anota algunos ejemplos.

7. En grupos de 3 ó 4 compañeros, busquen datos sobre otro gran arquitecto, Oscar Niemeyer (1907), brasileño de Río de Janeiro, y sobre algunas de sus obras más representativas construidas en Brasil. Anótenlos en forma de esquema.

   a) Datos biográficos

   b) Estilo arquitectónico característico

   c) Principales obras

8. Organicen las fotos y las informaciones sobre una obra de Vilaró, una de Gaudí y una de Niemeyer en una cartulina para presentar en clase o exporer en el mural de su escuela. ¡Pónganle un buen título!

Oscar Niemeyer.

Puerta de acceso

¿De quién es esta casa?

Palacio de la Alvorada, Brasilia.

Escuchando

Pista 10

1. Escucha la grabación y completa el texto con las palabras que falten.

El Palacio de la Alvorada (en portugués, Palácio da Alvorada, es decir, "Palacio del Amanecer") es la _____ del Presidente de Brasil y se ubica a las orillas del lago Paranoá (Brasilia). Esta construcción fue diseñada por Oscar Niemeyer e inaugurada en _____.

El arquitecto se inspiró en los principios de _____ y _____, características de la arquitectura clásica. Integrado a la naturaleza (espejo de agua), da la impresión de ser una gran caja de _____, apoyada sobre delgadas columnas externas.

El edificio tiene una superficie de _____ m² y tres plantas. En el sótano se encuentran la sala de estar, cocina, lavandería, centro médico y la administración. En la planta baja se encuentran las habitaciones utilizadas por la Presidencia para las _____.

La primera planta es la parte residencial del palacio, con cuatro suites, dos apartamentos y otras salas privadas.

El edificio tiene también una biblioteca, una _____, una sala de música, dos comedores y varias _____. Ubicados en edificios adyacentes se encuentran una capilla y un helipuerto.

Disponible en:<http://www.unavuelta.com/arquitectura.php?id_cont=380>. Acceso: el 29 de enero de 2009.

2. ¿A qué nueva capital se refiere el texto?

   _____

   _____

3. Según el texto, es correcto afirmar:

   a) Niemeyer sigue el estilo colonial brasileño.

   b) El estilo de Niemeyer es al mismo tiempo sencillo y moderno.

   c) Las grandes obras del pasado también son sencillas y modernas.

   d) Niemeyer se guió por las características arquitectónicas de la actualidad.

4. ¿A qué se compara el Palacio de la Alvorada?

   _____

   _____

5. ¿Qué piezas hay en el Palacio de la Alvorada que no existen en una casa común de una familia de clase media?

   _____

   _____

   _____

Explorando el texto

1. Relaciona la 1ª columna con la 2ª, teniendo en cuenta la función de cada parte del Palacio de la Alvorada.

Partes del Palacio de la Alvorada   Para qué sirve

(1) Comedor   ( ) donde se lee

(2) Sala de estar   ( ) donde se puede remojar o nadar

(3) Centro médico   ( ) donde se escucha música

(4) Cocina   ( ) donde es atendido por un médico

(5) Suite   ( ) donde se reciben visitas

(6) Biblioteca   ( ) donde se reza

(7) Piscina   ( ) donde se duerme y se asea

(8) Sala de música   ( ) donde se sube o baja del helicóptero

(9) Helipuerto   ( ) donde se desayuna, almuerza y cena

(10) Capilla   ( ) donde se prepara la comida

2. ¿Qué diferencia hay entre el "sótano" en español y el "sótão" en portugués?

_____
_____
_____
_____

> Los llamados "falsos amigos" pueden confundir al lector o al interlocutor. Por eso, lo importante es estar atento al contexto. Por ej.: En "El semáforo está rojo", se puede entender perfectamente que el semáforo está "vermelho", y no, "roxo".

3. En este texto informativo, sacado de un sitio web, se encuentran las siguientes informaciones sobre el Palacio de la Alvorada:

   a) el tamaño del edificio;

   b) a quién se destina el edificio;

   c) el nombre del presidente que ocupa actualmente el edificio;

   d) el autor del proyecto;

   e) el costo de la construcción del edificio;

   f) los huéspedes habituales;

   g) el estilo arquitectónico del Palacio;

   h) curiosidades sobre su construcción.

4. Señala la alternativa que contiene el orden correcto de las informaciones conforme el texto:

   a) qué es, el tamaño del edificio, la enumeración de las piezas, el autor del proyecto, el estilo arquitectónico, los complementos;

   b) la ubicación, qué es, el autor del proyecto, la enumeración de las piezas, el tamaño del edificio, el estilo arquitectónico, los complementos;

   c) la ubicación, el autor del proyecto, qué es, el estilo arquitectónico, el tamaño del edificio, la enumeración de las piezas, los complementos;

   d) qué es, el autor del proyecto, la ubicación, el estilo arquitectónico, el tamaño del edificio, la enumeración de las piezas, los complementos.

Interactuando con el texto

En grupos de 2 ó 3 compañeros.

1. Consideren la siguiente información: el Palacio de la Alvorada fue construido a orillas del lago Paranoá, que es artificial y fue creado para amenizar la sequedad de la región. Es un buen ejemplo de integración de la obra humana con la naturaleza, así como lo es Casapueblo.

1.1. ¿Por qué se debe respetar la naturaleza?

1.2. Anoten otros ejemplos de buena relación entre la naturaleza y la necesidad humana de construir obras.

_____

1.3. Busquen algunos ejemplos de agresión a la naturaleza debido a la ambición o ignorancia de los hombres.

_____

2. Investiguen en su comunidad algunos ejemplos positivos y/o negativos de la relación entre el ser humano y la naturaleza.

_____

3. ¿Conocen la expresión "techo verde"?

Lean los mini textos siguientes, consulten los sitios indicados o a algún ingeniero/arquitecto y discutan sobre su importancia y/o inconveniencia.

Los techos verdes, beneficios al medio ambiente – Projeto de Kenji Ulises López Rivera.

"Techos verdes", "naturación de azoteas" o "green roofs" básicamente se refieren a tener un jardín en el techo o terraza de su inmueble. Es un sistema que permite cultivar sobre una losa cualquier tipo de vegetación, desde pasto hasta un árbol. Tener un techo verde en su hogar o lugar de trabajo tiene grandes beneficios medio ambientales, de salud y económicos.

Históricamente los grandes cambios de conciencia en la humanidad se derivan de etapas de profundo sufrimiento (guerras, desastres naturales, hambre, etc.). Enseñar a nuestros hijos "con el ejemplo" a cuidar y mejorar el medio ambiente, es evitarles sufrir el deterioro y escasez irreversibles de los recursos naturales. Heredar un mundo enfermo no nos da ningún derecho de entregarlo así a las siguientes generaciones.

¿Más información?

Wikipedia <http://en.wikipedia.org/wiki/Green_roof>.

Muros verdes <http://www.verticalgardenpatrickblanc.com/>.

<http://aprendoyeduco.com/2008/06/techos_verdes.html>. Acceso: el 28 de octubre de 2011.

3.1. ¿Por qué es importante o interesante construir techos verdes?

3.2. ¿Qué inconvenientes puede haber?

4. Comparen las respuestas para completar lo que le falte a su equipo.

5. ¿Están de acuerdo con la afirmación de que no tenemos el derecho de entregar un mundo enfermo a las siguientes generaciones? ¿Por qué?

6. ¿Es verdad que los cambios en la humanidad se dan mediante grandes sufrimientos, como la guerra, el terremoto, el tsunami, etc.? Den algún ejemplo regional, nacional o internacional.

Puerta de acceso

Aeropuerto Madrid-Barajas acoge una exposición sobre las chabolas del mundo

El aeropuerto de Madrid-Barajas acogerá durante las próximas dos semanas la exposición de fotografía "El mundo desde un barrio de chabolas", que recorre las zonas urbanas más degradadas del planeta.

Chabolas en Khayelitsha, Cidade do Cabo (África do Sul).

Barrio de chabolas Villa 31, Retiro, Buenos Aires (Argentina), 2008.

Chabolas en Nueva Delhi (Índia), 2009.

Barrio de chabolas Kibera, Nairóbi (Quenia).

La iniciativa, promovida por el periodista argentino Hernán Zin y la ONG española Mundo Cooperante, pretende mostrar la situación de los mil millones de personas que, según la ONG, malviven en barrios de chabolas, favelas o "ciudades perdidas".

Tríptico: obra gráfica realizada en tres partes que se doblan sobre la central

Kibera (Kenia), Canal Slum (India), Kliptown (Sudáfrica), Los Piletones (Argentina) o Complexo do Alemão (Brasil), son algunas de las zonas escogidas para la exposición, acompañada de trípticos que recuerdan los objetivos de la Declaración del Milenio del año 2000 para acabar con la pobreza.

La muestra, que permanecerá abierta hasta el 1 de agosto, analiza también el fenómeno migratorio y los asentamientos de la periferia de las grandes ciudades, donde las condiciones de vida son, según la ONG Mundo Cooperante, "sumamente difíciles".

Chabolas en Rio de Janeiro.

<http://actualidad.terra.es/sociedad/articulo/aeropuerto-madrid-barajas-acoge-exposicion-chabolas-2630555.htm>. Acceso: el 31 de octubre de 2011.

1. ¿Cuál fue el objetivo de la exposición sobre las chabolas?

2. Según el texto, ¿se cumplieron los objetivos de la Declaración del Milenio del año 2000?

3. Observa las fotos. ¿Son todas las chabolas iguales en el mundo? ¿Cuáles son las semejanzas y las diferencias entre ellas?

_____

_____

_____

Explorando el texto

1. Consulta un diccionario y anota qué son las "chabolas".

_____

_____

2. ¿Qué es una ONG?

_____

_____

Practicando la lengua

En parejas.

1. ¿Cómo se pueden calificar las casas?

Por ej.: hay casas modernas, típicas, pequeñas, antiguas, _____, _____, _____, _____.

2. Comparen distintos tipos de casas, opinando cuáles les parecen:

más/	interesantes	que...
menos/		
igual de/		
tan	original	como...

Casa típica de Andaluzia em Sevilha (Espanha).

"Palafitas" na Região Amazônica.

Aldeia indígena Kamayurá (MT).

Casa em Maryland (EUA).

Casas do setor histórico da cidade da Lapa (PR).

Por ej.: Las casas andaluzas son tan interesantes como las coloniales.

a) _____

b) _____

c) _____

d) _____

Escuchando

Pista 11

Van a escuchar dos textos. Queremos saber si están acompañando la lectura del texto correctamente. Para eso, cada vez que aparezca una palabra en verde deben levantar la mano derecha. Una palabra en azul, la mano izquierda y una en rojo las dos manos. Pero, ¡atención! Hay que levantar la mano al inicio y bajarla al final de cada palabra.

Texto A

El lugar donde vivo

Yo vivo en una **colonia** pobre, en la capital del estado de **Durango**, situada en el mero cerro. Carece de agua y drenaje, también de pavimentación. Tiene unos cuantos años que se **empezó** a poblar por gente que no tenía casa, y empezamos a construir con madera y cartón. Algunos que tenían **dinero** las hicieron de **ladrillo**, pero poco a poco ya casi todas las casas son de ese material.

La colonia tiene una **escuela** y dijeron que iban a hacer una **secundaria** y un **kínder**, pero **falta** mucho para que lo hagan. A mí me **gustaría** mucho que la pusieran pronto, ya voy a salir de sexto año y si no, me **quedará** muy lejos la **secundaria**.

Kinder: jardín de infancia

También hay una escuela que se llama Doctor Héctor Mayagoitia Domínguez, y la quiero mucho porque en ella llevo **tres años**, y estos son cuarto, **quinto** y sexto años, pero la he querido con todo mi **corazón** desde que estaba en cuarto año, y cuando salga de sexto nunca **olvidaré** mi **escuela** porque aquí se queda mi alma de **alumna**.

(Esther Caro Garza. 12 años. Escuela Héctor Mayagoitía Domínguez. Durango, Durango. In: Así escriben los niños de México. Comisión para la Defensa del Idioma Español, 1982, p. 238).

Texto B

San Andrés

Yo vivo en una pequeña casa, en un **pequeño** pueblo, de este nuestro gran Uruguay, y **quiero** contar cómo es mi pueblo, este pueblo donde nacieron mis abuelos maternos, mi mamá, mis hermanos y yo. Tengo vecinos todos muy **buenos**, muy serviciales, jugamos con sus hijos, **compartimos** cosas, a pesar de ser gente humilde somos felices.

Hay muchos almacenes, carnicerías, mueblerías, **inmobiliarias**, bazar, panaderías, en fin, no es un **gran** pueblo, pero es mi pueblo, mi escuela está a una cuadra de mi **casa**; del portón de mi casa se ve claro para ella. Mi escuela también es humilde, pero haciendo un gran esfuerzo hicieron 3 **salones** más; en la escuela somos más de 600 **niños** y tienen que hacer 3 turnos porque no alcanzan los salones. ¿Y lo que me **gustaría** hacer por mi gente? Bueno, **primeramente** he oído a mis mayores que hay gente que las echan de sus hogares porque no pueden pagar; yo **quisiera** poder ayudar a mi gente, **construyendo** casas para que puedan vivir, más adonde hay niños y viejitos; **quisiera** que no hubiera niños que pasen **hambre**, que estén descalzos, desnudos, y **quisiera** poder darles comida, calzado, ropa, verlos **sonreír** llenos de esperanza, poder darles un poco de amor que me enseñaron a dar. Poder hacerles una casa a mis **padres**, porque sólo tenemos 2 piezas y somos muchos, 6 en total.

Quisiera que en mi pueblo nunca haya droga.

Patricia González Rama, 9 años – 3er. año. Escuela n.º 176. In: "Donde yo vivo" – Guía del Uruguay relatada por niños. Montevideo: Papelería e Imprenta El Plata S.A., 1993.

1. ¿Qué tienen en común la casa donde vive Esther y la que vive Patricia?

2. ¿Qué tienen en común los dos pueblos?

_____

_____

3. ¿En qué se diferencian los sueños de Esther y de Patricia?

_____

_____

_____

4. En el texto A, ¿en qué se nota que es un pueblo olvidado por las autoridades?

_____

_____

_____

5. En el texto B, ¿en qué se nota el sentimiento nacionalista de Patricia?

_____

_____

6. En el texto B, ¿en qué se nota el temor de que acabe la vida tranquila del pueblo?

_____

_____

Explorando el texto

1. Tanto Esther como Patricia hablan del lugar donde viven. Pero, la forma como se refieren a su pueblo es distinta. ¿En qué se nota la diferencia?

Señala la(s) alternativa(s) que contiene(n) la respuesta correcta.

a) Esther presenta los problemas que hay en el pueblo, pero Patricia destaca los puntos positivos antes de hablar de sus problemas.

b) Esther se refiere a la falta de atención de las autoridades para solucionar los problemas, pero Patricia prefiere confiar en su esfuerzo y en el de su comunidad para solucionarlos.

c) Esther no tiene esperanza de que construyan pronto la secundaria y Patricia tiene esperanza de que la droga no llegue al pueblo.

d) Esther no sabe si pronto construirán la secundaria y Patricia no sabe si la droga llegará o no al pueblo.

Practicando la lengua

Refresquen su memoria sobre algunas palabras que ya aprendieron de las cosas de una casa, resolviendo este crucigrama. Si hace falta, consulten un diccionario bilingüe.

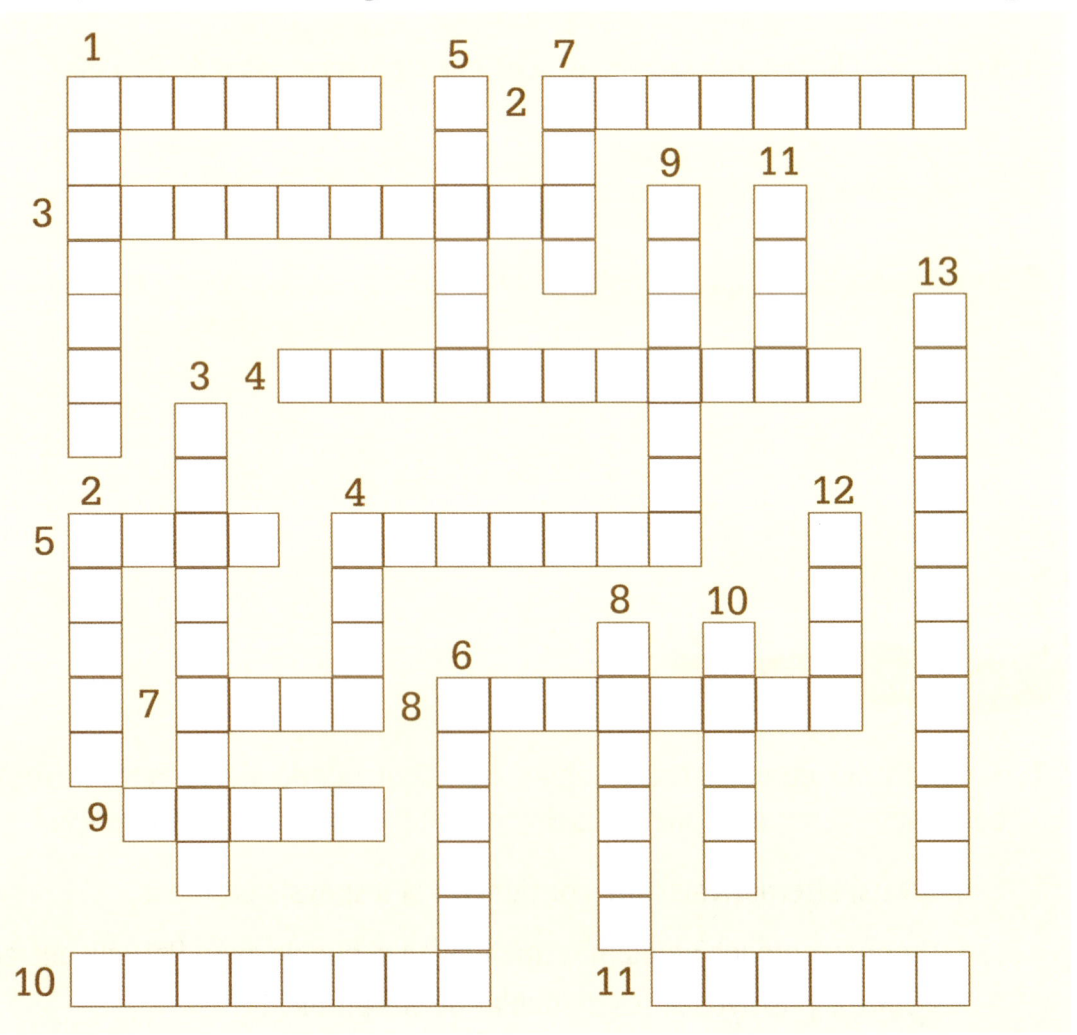

Horizontales

1. Pieza o sitio de la casa en el cual se guisa la comida. Aparato que hace las veces de fogón, con hornillos o fuegos y a veces horno. Puede calentar con carbón, gas, electricidad, etc.
2. Abertura más o menos elevada sobre el suelo, que se deja en una pared para dar luz y ventilación. En plural.
3. Aparato culinario cerrado, en cuyo interior se cocinan o calientan alimentos.
4. Lugar donde se lava la ropa en casa. Lavadero. En plural.
5. Asiento cómodo para dos o más personas, que tiene respaldo y brazos.
6. Estanque destinado al baño, a la natación o a otros ejercicios y deportes acuáticos.
7. En una vivienda, pieza con lavabo, retrete, bañera y otros sanitarios.
8. Aparato electrodoméstico para conservar alimentos a bajas temperaturas.
9. Obra de albañilería vertical, que cierra o limita un espacio.
10. Terreno donde se cultivan plantas con fines ornamentales. En plural.
11. Asiento con respaldo, por lo general con cuatro patas, y en que solo cabe una persona en plural.

Verticales

1. Pieza destinada en las casas para comer.
2. En una casa, aposento de grandes dimensiones para visitas y fiestas.
3. Tejido de lana o de otras materias, y de varios dibujos y colores, con que se cubre el piso de las habitaciones y escaleras para abrigo y adorno. En plural.
4. Pavimento natural o artificial de las habitaciones, calles, caminos, etc. Cada una de las diferentes plantas que superpuestas constituyen un edificio.
5. Parte sólida de los árboles cubierta por la corteza.
6. Aparato culinario cerrado, en cuyo interior se asan, calientan o gratinan alimentos. Aparato con rejilla o sin ella en la parte inferior y una abertura en lo alto que hace de boca y respiradero. Sirve para trabajar y transformar con ayuda del calor las sustancias minerales. En plural.
7. Pieza cóncava de mayor o menor tamaño, capaz de contener algo. Recipiente de metal, vidrio u otra materia, por lo común de forma cilíndrica, que sirve para beber.
8. Local destinado a guardar automóviles.
9. Sitio abierto de una casa desde el cual se puede explayar la vista. Terreno situado delante de un café, bar, restaurante, etc., acotado para que los clientes puedan sentarse al aire libre.
10. Parte superior de un edificio, que lo cubre y cierra, o de cualquiera de las estancias que lo componen.
11. Mueble, por lo común de madera, que se compone de una o de varias tablas lisas sostenidas por uno o varios pies, y que sirve para comer, escribir, jugar u otros usos.
12. Conjunto formado generalmente por una armazón de madera o metal con jergón o colchón, almohada, sábanas y otras ropas, destinado a que las personas se acuesten en él.
13. En una vivienda, pieza destinada para dormir. En plural.

Definiciones tomadas y, en algunos casos, adaptadas de http://buscon.rae.es

Interactuando con el texto

1. Dibuja o pega una foto de la casa de tus sueños.

2. Escribe por qué te gusta esa casa, siguiendo las sugerencias siguientes:
   - Verbos: es, tiene, hay, existe, está;
   - Adjetivos: grande/pequeña, luminosa/oscura, ruidosa/silenciosa, moderna/antigua, azul, blanca, etc.

- **Sustantivos**: salón, comedor, dormitorio, cocina, garaje, cuarto de baño, sofá, mesa, silla, televisor, estantería, libros y revistas.

Produciendo un texto propio

Y tú, ¿dónde vives?

1. Con ayuda de un(a) compañero(a), elabora un texto explicando en qué barrio vives, cómo es la gente que vive allí, qué tipos de casas existen, de qué servicios disfrutan, qué hace falta incrementar o mejorar, si te gusta o no vivir allí.

2. Entre todos, comparen los textos producidos, sugiriendo alteraciones, si son necesarias. Después de reescribirlos e ilustrarlos, cuélguenlos en el mural de la escuela.

Puerta de salida

Lectura de un cuento de misterio y un desafío.

La ventana siniestra

Tomás alquiló una casa cerca del mar, buscando un lugar tranquilo para terminar la novela que estaba escribiendo. El sitio parecía ideal: estaba rodeada por médanos y bosques, alejado de la ruta y al norte de una gran playa. Colgó su ropa e instaló su computadora cerca de una ventana que daba al jardín. Desde allí se veía un chalet de madera que era la única construcción vecina a su casa.

Después de almorzar, se preparó un café y se dispuso a trabajar. Encendió la computadora, releyó las últimas páginas que había escrito y comenzó a buscar la manera de continuar la historia.

Mientras reflexionaba sobre el tema, observó el chalet y la ventana que se abría frente a su ventana. Estaba cubierta por una cortina casi transparente y a través de ella le pareció ver a una persona que lo observaba. En ese momento una oración se formó mágicamente en su cabeza y empezó a escribir.

Cuatro horas después se tomó un descanso y volvió a mirar por la ventana. El sol estaba bajando y la tarde se convertía en noche. En la casa vecina se había prendido una luz y pudo ver con más claridad que realmente alguien estaba detrás de la ventana.

Mirando con atención, tuvo la seguridad de que se trataba de un hombre con una barba negra. Tomás trabajó unas horas más y después se fue a dormir.

A la mañana siguiente salió a caminar y fue hasta el chalet, pero como estaba rodeado por un alambrado, no pudo acercarse a la ventana. Sin embargo, logró ver al hombre con mayor claridad y sintió un escalofrío al notar que no cambiaba de posición ni dejaba de espiar hacia su casa.

Trató de olvidarlo y de no mirar por la ventana, pero cada tanto levantaba la vista hacia el extraño personaje. Por fin se fue a dormir y tuvo negras pesadillas. Pasaron dos días y decidió ir a la casa. Tocó el timbre y golpeó la puerta pero nadie lo atendió. Desde ese momento no pudo dejar de pensar en aquellos ojos que lo perseguían día y noche y parecían más siniestros cuando la luz se encendía en el interior. Pasada una semana estaba tan nervioso que no podía escribir ni una letra. Ya casi no dormía, sentía todo el tiempo la presencia amenazante y decidió volverse a la ciudad.

Para conocer el final del cuento coloca la palabra que falta en cada espacio numerado, siguiendo las pistas. Todas las palabras se sacan del mismo texto. Recuerda que los antónimos son las palabras de significado contrario y los anagramas son palabras formadas con las mismas letras que otra, en diferente posición.

Unos ......(1)...... más ......(2)...... alguien ......(3)...... al ......(4)......, ...(5)...... el ......(6)...... ......(7)...... que ......(8)...... la ......(9)...... por las ......(10)...... y ......(11)...... el ......(12)...... del ......(13)...... que estaba ......(14)...... justo ......(15)...... de la ......(16)......

1: Palabra que va después de "Pasaron dos …"

2: Lo que se convertía en noche.

3: Verbo y anagrama del punto cardinal que aparece en el cuento.

4: Construído con madera.

5: Se forma así: primera sílaba de la palabra que está antes de "allí" + primera sílaba de la palabra que está antes de "la historia" + "ecto".

6: Buscá sobre qué reflexionaba Tomás y agregale "sis".

7: Sacale la "s" al nombre del personaje. Ponele adelante la primera y la última vocal. Ponele atrás la terminación "tico".

8: Lo mismo que hizo Tomás con la computadora, pero en pretérito imperfecto.

9: Lo que se prendió en la casa vecina.

10: Antónimo de la palabra 1 de las pistas.

11: Contá las letras de las palabras de la primera oración desde el principio y sumá las que aparecen en estos lugares: 7, 10, 28, 55, 63, 70. La última letra lleva tilde.

12: Primera palabra de la oración que termina en "personaje", + "re" y sin acento.

13: El que tiene barba negra.

14: ¿Qué hizo Tomás con la ropa? Restale "o" y sumale "ado".

15: Antónimo de la vigésima palabra de la oración en que se prende la luz.

16: Está en el medio del título.

Solución: Unos días más tarde alguien entró al chalet, desconectó el sistema automático que encendía la luz por las noches y limpió el retrato del hombre que estaba colgado justo delante de la ventana.

ARIAS, Ana, Idea y juegos; CARONI, Estela, Dibujos. In: Plaza de Papel. Viva, la revista de Clarín, 28 de abril de 2002.

En grupos de 2 ó 3 compañeros. ¿Son capaces de resolver los siguientes problemas de lógica?

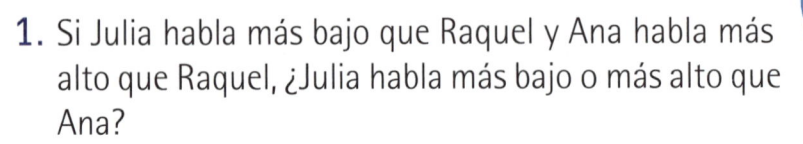

1. Si Julia habla más bajo que Raquel y Ana habla más alto que Raquel, ¿Julia habla más bajo o más alto que Ana?

_____

_____

2. Tenemos cuatro perros: un galgo, un pit bull, un dálmata y un boxer. Éste último come más que el galgo; el dálmata come más que el galgo y menos que el pit bull, pero éste come más que el boxer. ¿Cuál de los cuatro será más barato de mantener?

_____

_____

Vuelvan al inicio de la unidad y canten "A casa".

Sugerencia de lectura

SACRISTÁN, Pedro Pablo. ¡Ya no aguanto más! In: **Cuentos para dormir**.
<http://cuentosparadormir.com/infantiles/cuento/%21%21ya-no-aguanto-mas>.
Acceso: el 01 de agosto de 2011.

Después de leer el cuento (1 página), discutan cuál es la moraleja de la historia/ ¿Están de acuerdo con la propuesta del autor de que "el espíritu de sacrificio permite aguantar con esfuerzo hasta conseguir que las cosas cambien"?

¡Nos vemos en la próxima unidad!

unidad **4**

Las ciencias nuestras de cada día

Teoría y práctica científica en nuestro cotidiano

Objetivo:
Describir un plato típico regional.

Calentando el motor

¿Estás en las nubes?

Si no estás, ¿sabes decirme cómo se forman las nubes?

Explicación científica

Con la ayuda de su profesor (a) de Ciencias, expliquen el ciclo de agua.

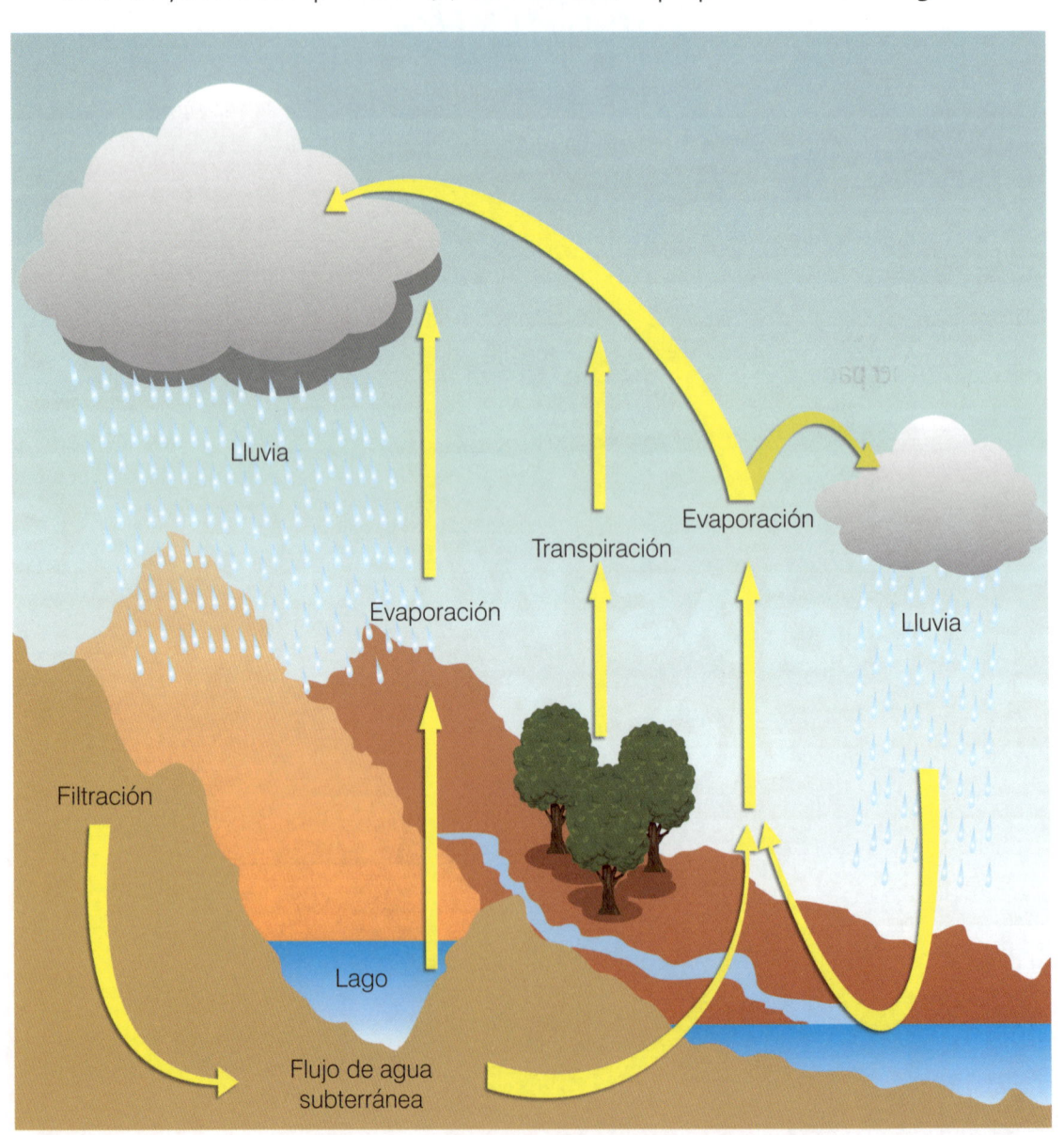

Explicación mítica

> Mito: narración que proporciona una explicación imaginativa y no racional de la realidad.

Escuchando

Pista 12

Hay algunas palabras que fueron puestas por engaño en esta narración. Escucha el audio y tacha las que no forman parte de la historia.

Las nubes

Nube dejó caer una gota de llovizna lluvia sobre el cuero cuerpo de una mujer cayó. A los a nueve meses, ella tuvo mellizos.

> Mellizos = En portugués, "gêmeos bivitelinos".

Cuando crecieron, quisieron saber que quién era su primer padre.

— Manãna temprano por la mañana — dijo ella —, miren hacia el occidente oriente. Allá lo verán, erguido en el cielo como una torre.

A través de la tierra verde y del cielo, los mellizos caminaron solos en busca de su padre.

Nube desconfió y les exigió:

— Demuéstrenme que son mis hijos.

Uno de los mellizos envió a la tierra un relámpago. El otro, un trueno. Como Gran Nube todavía dudaba, atravesaron una inundación juntos y salieron intactos.

Entonces Nube les hizo un lugar hogar a su lado, entre sus muchos hermanos y peldaños y sobrinos.

GALEANO, Eduardo. Memoria del Fuego (I). Los Nacimientos. Madrid: Siglo XXI, 1984, p. 6.

Puerta de acceso

Las Nubes

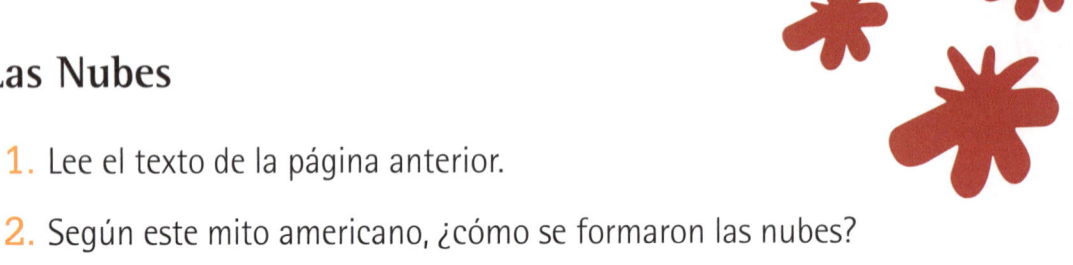

1. Lee el texto de la página anterior.

2. Según este mito americano, ¿cómo se formaron las nubes?

   _____
   _____
   _____
   _____

3. Según el texto, señala la alternativa correcta:

   a) Los hijos de Nube son mestizos, mezcla de un dios y una mujer.

   b) Después de conocer a sus hijos, Nube dio a uno de ellos el don de ser relámpago y al otro, el de ser trueno.

   c) La madre de los mellizos no sabía que sus hijos eran semidioses.

Interactuando con el texto

1. Los humanos siempre han buscado una explicación para todos los fenómenos de la naturaleza. ¿Cuál de las dos explicaciones te convence más? ¿Por qué?

   _____
   _____

2. ¿Conoces algún mito de tu región o de Brasil? Anota, en portugués, de qué se trata o cuéntaselo a tus compañeros.

   _____
   _____

Puerta de acceso

¿Qué querés ser cuando seas grande?

Uno de cada tres chicos sueña con ser "mediático"

Surge de una encuesta exclusiva. Ni bomberos ni astronautas, ahora muchos quieren ser actores, bailarines, chefs, modelos o periodistas. Expertos en orientación vocacional hablan de la influencia de la televisión.

Por: Mariano Gavira

La cena está servida, la familia se prepara para comer y la tele de fondo indica el tema del cual se hablará durante la comida. Un jurado coloca un puntaje muy bajo a una participante, que llora, insulta y hasta amaga con renunciar al certamen. Sentado a la mesa, Ramiro (10), afirma que ya sabe lo que quiere para su futuro. "Cuando sea grande voy a trabajar en la televisión".

> **Amaga** (del v. amagar): mostrar <a una persona> intención de hacer una cosa.
> **Certamen**: concurso.

El tango dice que "la fama es puro cuento", pero para muchos es lo único que cuenta. Influenciados por la televisión e Internet, casi uno de cada tres chicos argentinos sueña con ser "mediático": actor, cantante, futbolista, bailarín, chef, periodista, conductor de TV o modelo. Así lo revela una encuesta exclusiva para Clarín a chicos de entre 7 y 14 años. Ante la pregunta "¿qué querés ser cuando seas grande?", sólo el 40% se inclina por alguna carrera tradicional.

[...]

Lucas, de 13 años, pasa muchas horas frente a la computadora y cuando surge un problema con el disco rígido o la pantalla, él mismo se encarga de solucionarlo. Él está dentro del 11% de los chicos que se inclina por las "nuevas profesiones". Sabe que tiene facilidades para la tecnología, y también que de grande será programador de PC o analista de videojuegos.

[...]

León tiene 11 años y sueña con ser periodista deportivo: le encantan las estadísticas y cada vez que termina de ver un partido de fútbol anota los amonestados, expulsados, goleadores, todo en un cuaderno especial. Su madre, periodista, preferiría que estudie otra cosa. El caso no es aislado: según el sondeo, el 74% de los padres no quieren que sus hijos sigan sus profesiones; esperan que busquen otras más rentables o menos exigentes o estresantes.

> **Estadística**: ciencia que se encarga de recoger datos para sacar conclusiones basadas en el cálculo de probabilidades.
> **Amonestados**: advertidos.
> **Aislado**: único, fuera de lo normal.
> **Sondeo**: valoración de la opinión pública.
> **Rentables**: que den más dinero.

Para los expertos, la vocación se construye: no es algo con lo que se nace, sino que influyen cuestiones culturales y mandatos familiares. Y explican que la carrera justa no se saca de la galera, se va armando día a día.

> **Expertos** = En portugués, "especialistas".

Disponible en: <http://www.clarin.com/sociedad/chicos-suena-mediatico_0_602939809.html>. Acceso: el 4 de diciembre de 2011.

1. Según la encuesta (=sondeo), ¿qué tipos de carreras profesionales están de moda en Argentina?

2. ¿Por qué la mayoría de los padres no quiere que sus hijos sigan la misma carrera que ellos?

3. Según el texto, es correcto afirmar:
   a) La vocación se forma de acuerdo a determinados patrones culturales.
   b) Los padres argentinos determinan la vocación de sus hijos.
   c) Los chicos se dejan influenciar por los medios de comunicación.
   d) En Argentina, la mayoría de los chicos prefiere las carreras "tradicionales".
   e) Los expertos creen que actualmente los chicos tienen más libertad de escoger su carrera.

4. ¿Por qué cree León (11) que tiene vocación para ser periodista deportivo?

Explorando el texto

En parejas.

1. ¿A qué se refiere el término "mediático" en este texto?

   _____

2. ¿Cuáles alternativas corresponden al sentido de la frase "Y explican que la carrera justa no se saca de la galera, se va armando día a día"?

   a) Los expertos afirman que la carrera no se define de la noche al día.

   b) Los expertos creen que se debe ir construyendo la carrera poco a poco.

   c) Los expertos consideran que la carrera depende de la inspiración del momento.

   d) Los expertos dicen que cada uno nace con la vocación para una determinada carrera.

3. Expliquen por qué las alternativas consideradas incorrectas las son.

   _____

Practicando la lengua

1. Los chicos actuales quieren ser cantantes, actores, periodistas, analistas de videojuegos, chefs ("chef de cuisine"). ¿Qué otras profesiones conoces?

   _____

2. A continuación hay una serie de oficios. Con ayuda de un diccionario, anota a qué se dedica el (la):

   a) profesor: _____

   b) ingeniero ambiental: _____

   c) modista: _____

   d) médico: _____

   e) nutricionista: _____

   (Diccionario de la Lengua Española de RAE - Vigésima segunda edición)

3. Pega a continuación la foto o alguna imagen del profesional que más sueñas ser y explica cuál es su oficio.

Puerta de acceso

SOY MUSHI

y te quiero contar que...

Fundación Inalafquen

PCMA – Programa de Conservación de los Murciélagos de Argentina
www.pidba.com.ar/pcma.html

Visitanos en www.pidba.com.ar

...En ARGENTINA vivimos 61 ESPECIES de murciélagos de las más de 1000 que hay en todo el mundo.

AYUDAMOS de muchas formas a la naturaleza y al hombre:
- Comemos toneladas de bichitos molestos cada noche.
- Visitamos flores para beber su jugo y gracias a nosotros hay más plantas.
- Comemos frutas y liberamos las semillas, ayudando así a que crezcan los bosques y las selvas.

Dibujo: Mónica Díaz

Muchas cosas que escuchaste sobre nosotros son **MENTIRAS**.

1 NO somos ciegos, ni vamos a enredarnos en tu pelo. Tenemos un radar para volar y cazar bichitos de noche sin chocar con nada, en total oscuridad y a gran velocidad.

2 NO somos ratas voladoras ¡ni sus parientes!

3 NO somos sucios... nos gusta limpiar nuestro pelo y cuidarlo como los gatos.

4 Y NO atacamos a la gente!

Dibujo: Mariana Inzubueta

Español unidad 4. Las ciencias nuestras de cada día

Somos INTELIGENTES pero tímidos.

La mayoría de nosotros sólo tenemos un bebé por año, al que la mamá alimenta con su leche (¡como los humanos!), y llegamos a vivir hasta 40 años.

De las especies que habitamos en Argentina SÓLO 2 SE ALIMENTAN DE SANGRE. La mayoría comemos insectos, mientras que otros se alimentan con flores, frutas, peces o pequeños animales.

PEQUEÑOS ANIMALES · FRUTAS · PECES

ES DIFÍCIL SER UN MURCIÉLAGO

Cada vez tenemos menos lugares donde vivir porque el hombre ensucia y destruye nuestros hogares naturales que son los bosques y las cuevas. Algunos de nosotros pudimos mudarnos a las ciudades, pero mucha gente nos tiene miedo y nos atacan.

INSECTOS

Dibujos: Mónica Díaz

ES IMPORTANTE QUE SEPAS...

... Que como todos los mamíferos, los murciélagos podemos enfermar de rabia, pero aún así NO SOMOS AGRESIVOS y solamente mordemos si nos agarran, porque tratamos de defendernos. Nunca trates de tocarnos, aunque nos encuentres caídos. ¡Tampoco nos tengas miedo! Avisá a un adulto para que nos ayude, y si alguien nos tocó, llama sin falta al veterinario o centro antirrábico más cercano.

HACETE AMIGO

Todavía son pocos los que nos conocen bien y nos cuidan. Podés ayudarnos aprendiendo más sobre nosotros y contándoles a tus amigos.
Visitanos en www.pidba.com.ar y hace click en mi figura!

Dibujo: Mariana Iruzubieta

Español unidad 4. Las ciencias nuestras de cada día

1. ¿Quién es Mushi?

   _____

> **Mito**: cosa inventada para que se difunda como verdad o que existe sólo en la imaginación de una persona (Diccionario Salamanca de la Lengua Española).

2. Según el folleto, es correcto afirmar:
   a) Es una campaña para combatir a los murciélagos.
   b) En Argentina están concentradas las especies carnívoras.
   c) En Argentina hay mucha gente que ayuda a cuidar a los murciélagos.
   d) En general la gente tiene una idea equivocada sobre los murciélagos.

3. ¿Cuáles son los mitos sobre los murciélagos?

   _____
   _____

4. ¿Cómo contribuyen al bienestar de los hombres y de la naturaleza?

   _____
   _____

5. ¿Por qué dice Mushi que hoy día es difícil ser murciélago?

   _____
   _____

6. ¿En qué situaciones los murciélagos pueden actuar agresivamente?

   _____
   _____

7. Según el texto, ¿de qué modo se puede ayudar a las 61 especies de murciélagos argentinos?

   _____
   _____
   _____

Explorando el texto

1. ¿A quién va destinada esta campaña a favor de los murciélagos?

   _____

2. ¿Cuáles son los elementos que confirman la respuesta anterior?

   _____

   _____

3. En el folleto aparecen las informaciones esenciales sobre los murciélagos, pero el texto no es simplemente informativo, sino apelativo. ¿Dónde se nota la apelación a los sentimientos del lector?

   _____

   _____

4. ¿Qué se debe hacer para obtener más informaciones?

   _____

> **Esta campaña** es de responsabilidad del Programa de Conservación de los Murciélagos de Argentina (PCMA): www.pcma.com.ar

Interactuando con el texto

En grupos de 3 ó 4 compañeros.

1. Busquen informaciones sobre los murciélagos que viven en Brasil: ¿de qué especies son? ¿dónde viven? ¿qué comen? ¿son perseguidos y cazados? ¿qué mitos existen?

2. Organicen los datos en una cartulina para realizar una campaña publicitaria en defensa de los murciélagos.

3. Expónganlo en el mural de la escuela.

> **Se recomienda** que sigan el ejemplo dado, o si no, se puede organizar otro tipo de folleto. En ambos casos, es importante que haya ilustraciones (fotos, dibujos, etc.).

Practicando la lengua

Compara:

a) Hacete amigo/ Seja amigo.

b) Hazte amigo/ Seja amigo.

Las dos frases significan lo mismo y expresan la invitación de Mushi a su lector chico.

La diferencia entre las dos está en "hacete" y "hazte": la primera forma se usa en algunas regiones hispanoamericanas en situaciones informales (p. ej. en Argentina, Uruguay, Paraguay, etc.) y la segunda, se usa principalmente en España.

Observa:

Si un chico español dice: ¡MÍralo!, el argentino, dirá: ¡MiRAlo!

Imperativo

Informalmente, el imperativo se usa así:

En América hispana	En España
Tú (sing.)/*Vos (sing.): ¡trabaja!/ ¡trabajá! ¡come!/ ¡comé! ¡divide!/ ¡dividí!	Tú (sing.): ¡trabaja! ¡come! ¡divide!
Ustedes (pl.) ¡trabajen! ¡coman! ¡dividan!	Vosotros (pl.): ¡trabajad! ¡comed! ¡dividid!

1. Reescribe la frase de la forma en que se habla en España y léela en voz alta.

   a) ¡Visita/ Visitá nuestra página web!

   _____

   b) ¡Léelo/ Leelo! Esto es estupendo.

   _____

   c) ¡Duérmete/ Dormite ya!

   _____

Puerta de acceso

DOSSIER ANTI ESTRÉS

JUEGOS ANSIOLÍTICOS

Psicólogos de la Universidad de Berkeley (EEUU) han llegado a la conclusión de que los pasatiempos lógicos AYUDAN A DISMINUIR LA ANSIEDAD. Empieza la terapia.

Concentrarse en problemas lógicos de difícil solución, ésa es la terapia recomendada si padeces estrés o ansiedad. A esta conclusión llega un estudio publicado en la revista *Nature Neuroscience*. Los investigadores hicieron un seguimiento experimental con voluntarios estresados y comprobaron que los síntomas de sus trastornos podían contrarrestarse con crucigramas, puzzles y partidas de ajedrez.

La cuestión es que los aquejados de ansiedad presentan dificultades para concentrarse y, por tanto, para mantener bajo control sus miedos, preocupaciones, angustias, etc. En este sentido, los pasatiempos mantienen al cerebro abstraído en esa tarea, de forma que evita pensamientos "dañinos". Además, ejercitan y mejoran la capacidad de concentración.

[...]

Para probar que esta teoría es cierta, nada mejor que la colección de juegos ansiolíticos que te ofrecemos.

Miguel Barral. Revista QUO, nº 169, octubre de 2009.

1. ¿Qué tipos de actividades pueden aliviar la tensión?

2. ¿Por qué esas actividades alivian la tensión?

3. Busca en el diccionario qué significan las palabras "daño" y "dañino" y anota sus significados.

4. En este texto, ¿qué significa "pensamientos dañinos"?

Explorando el texto

1. ¿Quién escribió el texto?

2. ¿Dónde y cuándo salió publicado el texto?

3. ¿En qué sección salió publicado?

4. Según el texto, ¿a qué se refiere el título "Juegos ansiolíticos"?

5. ¿Dónde se realizó este experimento científico?

6. ¿Dónde salió publicado el estudio hecho por los psicólogos?

Interactuando con el texto

1. De acuerdo a lo que dice Miguel Barral, aquí tienes cinco juegos ansiolíticos.

   a) Resuelve el siguiente acertijo:

   En la carrera hay cuatro corredores. Se sabe que Juan llegó inmediatamente detrás de Roberto, y que Diego llegó entre Pedro y Juan. Calcula el orden de llegada de los 4 atletas. _____

   b) Completa el siguiente crucigrama ambiental:

   [Crucigrama con palabra vertical: BIODIVERSIDAD]

   1. Medio ...
   2. Al aumento de la temperatura terrestre se le llama ...
   3. Ciencia que estudia las relaciones de los seres vivos entre sí y con su entorno.
   4. Vivir en un mundo más limpio es un ... que todos tenemos.
   5. El ... es una actividad importantísima para no agotar los recursos naturales.
   6. El derecho a la ... es el más fundamental de todos y para todos.
   7. Los ... no son ciegos, ni se enredan en el pelo; no son ratas voladoras ni son sucios, ni atacan a la gente para chuparles la sangre.
   8. El planeta ... es nuestro hogar.
   9. Conjunto de los medios donde se desarrollan los seres vivos.
   10. Las nubes son un componente del ... del agua.
   11. Los grandes basurales pueden causar mucho daño al medio ambiente, por lo tanto son muy ...
   12. La radiación solar penetra más en la Tierra debido al adelgazamiento de la ...
   13. Se deben controlar las emisiones de ... de carbono.

c) Hay diez diferencias entre una escena y la otra. Encuéntralas:

Diferencias: puerta del armario, dientes de la nena, chile, cara del bichito, cinturón del nene petiso, letra a n la campera, la palabra "bajo", la cartera, la corona y la remera del nene alto.

La Nación Revista. n. 1951, 26 de noviembre de 2006.

d) Con ayuda de un diccionario, ubica los pares de letras listados al final en las casillas blancas para formar las palabras. Al hacerlo y leer en orden los pares ya ubicados conocerás un pensamiento de Lord Byron:

Sílabas: AD – AD – AD – CA – DE – EL – ES – ID – LA – LA – MI – NO – RD – RS – VE – VE.

e) Copia el pensamiento de Lord Byron y añade los siguientes datos:

- ¿Quién fue?

- ¿Dónde nació y murió?

- Sus principales obras:

Respuestas: 1. Blasfemia; 2. Cuádruple; 3. Proverbio; 4. Diversión; 5. Debilidad; 6. Colegiado; 7. Hipótesis; 8. Porcelana; 9. Mercancía; 10. Almirante; 11. Inocencia; 12. Fidelidad; 13. Egolatría; 14. Cañaveral; 15. Gallardía; 16. Hondonada.

Puerta de acceso

Niños + Científicos = ¡DESCUBRIMIENTOS!

¿Tienes vocación para científico? ¿No lo sabes? Vamos a probarlo. Lee el relato a continuación.

En 1988 la bióloga Marty Condon, de la Universidad Cornell de los Estados Unidos, percibió que los estudiantes que escuchaban su conferencia en el Museo de Historia Natural de Washington eran listos, así que les desafió a encontrar diferencias entre las alas de dos especies similares de moscas. Para su sorpresa, los adolescentes encontraron el doble de cantidad de características que las previstas.

En otra ocasión, cuando visitaba una escuela de enseñanza básica, niños de once años la ayudaron a distinguir tres especies de moscas de Venezuela sólo en base a su apariencia:

— Los chicos descubrieron una excelente manera de distinguir las especies: una de las moscas presentaba manchas dispuestas de tal forma que parece un hombre sentándose. En homenaje a ellos, la mosca recibió el nombre científico de *Blepharoneura manchesteri* o "la mosca de Manchester", porque son de una escuela de Manchester.

Bien es verdad que, antes de la experiencia con esos alumnos, la bióloga ya había descubierto esas especies de moscas, porque ya las había analizado genéticamente, es decir, ya conocía su ADN, la molécula que determina las características físicas de cada especie y que varía de una para otra. Pero, Marty tenía dificultades para distinguirlas sólo con verlas, lo que es muy importante cuando los científicos van al campo para estudiar las especies.

<http://www.cienciahoje.uol.com.br/124881>. Acceso: el 13 de octubre de 2011.

1. ¿Qué tipo de ayuda quiere Marty Condon con relación a tres especies de moscas de Venezuela?

2. ¿En qué situación se necesita reconocer las distintas moscas sin usar el análisis de su ADN?

_____

3. Consulta un diccionario, una enciclopedia o la Internet y anota qué es el ADN.

_____

_____

4. ¿Con qué sigla se conoce el ADN en Brasil?

_____

Interactuando con el texto

1. Con la ayuda de tu profesor(a) de Ciencias, averigua en qué casos es necesario hacerse un examen de ADN.

2. Resuelve el "Laberinto de Gatubichos".

   Descubre esta secuencia y vas a encontrar la llegada. Te mostramos los primeros 6 casilleros como ejemplo.

RLN, junio/2007

Practicando la lengua

En parejas.

1. Completen los espacios con el nombre de una profesión.

    a) Marty Condon es _____.

    b) Los chicos argentinos que aparecen en el reportaje en el futuro serán _____.

    c) Los especialistas que proponen los juegos ansiolíticos son _____.

    d) El que saca fotos es _____.

    e) Y a ustedes, ¿qué les gustaría ser? Anoten dos profesiones.

    _____ y _____.

2. Relacionen adecuadamente la primera columna con la segunda.

    a) científico   (a) ciencias
    b) reciclado   (   ) sorprender
    c) cordillerano   (   ) tránsito
    d) transitado   (   ) biología
    e) sorprendentemente   (   ) estudiar
    f) aparentemente   (   ) descubrir
    g) biólogo   (   ) cordillera
    h) descubrimiento   (   ) ciclo
    i) estudiante   (   ) apariencia

    Organicen otros pares de palabras derivadas.

3. Averigüen y anoten a qué se refieren las siguientes siglas:

    a) ONG: _____

    b) DNI: _____

    c) EE.UU.: _____

    d) _____

Puerta de acceso

Los lácteos

Los lácteos se valorizan especialmente por la presencia de calcio, ya que los valores proteicos se cubren muy bien con algo de carne y/o queso. Aunque a la leche o yogures se les retire totalmente la grasa, todos permanecen con el calcio propio de su materia y muchas empresas les agregan una cuota de calcio extra, que anuncian en sus rótulos.

Teniendo en cuenta la edad

- De 6 a 8 años deben consumir de 2 a 3 vasos por día (800 mg).
- De 9 a 13 años, 4 vasos por día (1300 mg).
- Hasta los 50 años: 3 vasos (1000 mg).
- Después de los 50 años: 4 vasos diarios, especialmente las mujeres.

Los valores para el calcio diario se ajustan teniendo en cuenta el ingreso de este mineral a través de las comidas diarias (souflés, budines, pastas con queso, etc.). Los bebes y las embarazadas siguen pautas propias.

> Embarazada = En portugués, "grávida".

Leches

- 1 vaso (200 g) de leche entera = 6 gramos de grasa.
- 1 vaso de leche parcialmente descremada = 3 gramos de grasa.
- 1 vaso de leche descremada = 0% de grasa.

Leches con agregados

- **Con fibras:** llevan un tipo especial de fibras con muy buenas propiedades para regular la función digestiva, mejoran la absorción del calcio y la flora intestinal.
- **Con CLA:** es el agregado de un ácido graso linoleico conjugado (CLA es su sigla en inglés), que actúa a nivel de las grasas y facilita el descenso del peso.
- **Con fitoesteroles:** ayudan a bajar el colesterol y cuidar las arterias.
- **Saborizadas:** tratadas con una parte de leche y otra de jugo.
- **Leches Bio:** se les incorporaron bacterias buenas para beneficiar la flora intestinal.

Yogures

- Desde lo nutricional, las leches y yogures se reemplazan entre sí. La variedad de los yogures es un verdadero muestrario de sabor, color y textura. Los hay con fibras, enteros, parcialmente descremados, con frutas, con cereales, con el agregado de buenas bacterias, firmes, batidos, etc...

Muy importante

Sólo el frío y la cadena de frío no interrumpida garantizan la calidad de los lácteos, un punto esencial en las leches modificadas, ya que las bacterias mueren al cambio de temperatura y, por ende, dejan de cumplir su función.

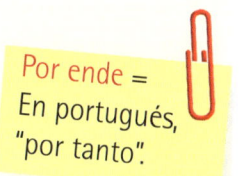

> Por ende = En portugués, "por tanto".

Por Miriam Becker <miriambecker@ciudad.com.ar>. Asesoramiento: Lic. Andrea Rochaix <arochaix@aol.com>.

1. Según el texto, ¿cuál es la gran cualidad de los lácteos?

2. ¿Qué cantidad de leche se recomienda para tu edad?

3. ¿Qué significa "leche con agregados"?

_____

4. Señala las alternativas correctas:

   a) La carne y el queso tienen proteínas.

   b) La leche totalmente descremada pierde calcio.

   c) La leche y el yogur contienen 0% de grasa.

   d) Las leches con fibras ayudan a absorber el calcio que contienen.

   e) Los bebes y las embarazadas no deben tomar leche.

   f) Muchas empresas anuncian en los rótulos que agregaron algo más de calcio.

5. ¿Por qué es importante mantener las leches modificadas en frío constante?

_____

Interactuando con el texto

En grupos de 4 ó 5 compañeros.

1. Escojan algún producto lácteo y miren sus rótulos. Anoten las informaciones sobre su valor nutritivo e indiquen cuál es la propiedad más importante.

_____

_____

2. Anoten los cuidados de conservación (si los hay) y la fecha de caducidad.

_____

_____

3. Con la ayuda de su profesor (a) de Ciencias o de un especialista, discutan por qué es importante respetar el plazo de validez.

4. Organicen una ficha con el tipo de producto lácteo, sus valores nutritivos y los riesgos para la salud si se lo consume fuera del plazo de validez.

   Cuélguenla en el mural de su clase.

Practicando la lengua

En parejas.

1. La frase "Desde lo nutricional, las leches y yogures se reemplazan entre sí" equivale a afirmar que:

   a) Las leches y yogures contienen valores nutritivos distintos.

   b) Del punto de vista nutricional, las leches y yogures son equivalentes.

   c) Las leches y yogures no tienen el mismo peso nutricional.

   d) Considerando las características nutricionales, las leches pueden reemplazar los yogures.

2. Observa:

   Los artículos definidos

Masculino	Femenino	Neutro
EL (yogur, alimento)	LA (leche, bacteria)	xxx
LOS (yogures, alimentos)	LAS (leches, bacterias)	xxx
xxx	xxx	LO (lo sano, lo bueno)

3. Busquen un ejemplo de cada artículo en el texto "Los lácteos".

   el _____ / los _____

   la _____ / las _____

   lo _____

4. Llenen el hueco de las frases con uno de los verbos del canasto. Luego, compárenlas con el texto "Los lácteos" a ver si lo han entendido correctamente.

   a) En algunos casos _____ toda la grasa de la leche.

   Regulan, llevan, actúa, ofrece, se valorizan, se retira

b) Según los especialistas, las leches con agregados de fibra especial _____ la función digestiva.

c) El ácido graso linoleico conjugado (CLA) que _____ a nivel de las grasas facilita la disminución del peso.

d) Las leches con agregados _____ un tipo especial de fibras que actúan sobre la función digestiva.

e) Los lácteos _____ debido a la presencia del calcio.

f) La clase de los lácteos _____ una rica variedad de opciones que cubren las necesidades de todas las edades.

Escuchando

Pista 13

5. Van a escuchar el significado de estas palabras, sólo que están fuera de orden. Identifiquen a qué palabra se refiere cada significado y luego escriban a su manera la definición que escucharon.

a) Compartir

b) Pormenorizado

c) Opción

d) Atributo

e) Engaño

f) Envase

g) Grasa

h) Embarazada

i) Saborizada

Puerta de acceso

En grupos de 4 ó 5 compañeros.

Tropicalísima ensalada de frutas

Ingredientes

- Frutas variadas (banana, papaya, naranja, manzana, pera, o cualquier otra fruta local).
- Helado preferido.

> Para que la preparación de la ensalada sea más rápida en clase, cada grupo de alumnos debe traer las frutas ya cortadas (mojadas en un poco de zumo de limón para que no oscurezcan), así como cada uno debe traer su platito y su tenedor/cuchara no desechables para no generar más basura.

Modo de preparación

- Escojan por lo menos tres tipos de frutas del tiempo.
- Corten las frutas en pequeños trozos y pónganlas en un bol grande. Mézclenlas bien.
- Para servir, añadan una cucharada de helado por encima.
- Visualmente, es interesante que haya variedad de colores, así que si el color de las frutas es predominantemente de color claro, escojan, por ejemplo, helado de frutilla o de chocolate.

Una información científica

1. ¿Qué tipos de vitaminas y minerales se encuentran en las frutas que escogieron para la ensalada? Averígüenlo y anótenlo.

Escuchando

Pista 14

2. Los pensamientos de Gaturro salieron volando de la tirita. ¿Puedes ponerlos en sus lugares nuevamente? Escúchalos y ordénalos.

<http://www.lanacion.com.ar/humor/imagen-gaturro.asp>. Acceso: el 5 octubre de 2008.

3. Miren nuevamente la tirita y expliquen, oralmente, por qué sin la tapa el contenido de la licuadora salió volando.

Explorando el texto

En parejas.

1. Aparte de la foto ilustrativa, ¿qué elementos informativos componen una receta culinaria?

   _____
   _____

2. ¿A quién/quiénes va dirigida una receta culinaria?

   _____
   _____

3. Considerando que una receta culinaria implica enseñar algo a alguien, ¿por qué se usa la tercera persona plural ("escojan", "corten", "añadan") en la receta de ensalada de frutas en este manual?

   _____

4. ¿Por qué Gaturro usa la primera persona ("voy a hacer", "ponemos", "creo que")?

   _____

> Monólogo: "reflexión en voz alta y a solas".
> Diálogo: "conversación entre personas que exponen alternativamente sus ideas u opiniones". No es necesario que la respuesta sea verbal; puede ser un gesto o una acción realizada de acuerdo a lo dicho u ordenado.

5. Gráficamente, ¿en qué se nota que Gaturro está pensando a solas y hablando consigo mismo?

   _____
   _____

Practicando la lengua

En parejas.

1. Consulten la siguiente tabla y discutan las dudas con su profesor(a).

> Las formas de Imperativo son más utilizadas en español que en portugués de Brasil y no suelen tener connotación agresiva, salvo en casos muy específicos.

Modo Imperativo de los verbos regulares

	Cortar	Escoger	Añadir
Tú	Cort-a	Escog-e	Añad-e
Usted (Ud.)	Cort-e	Escoj-a	Añad-a
Ustedes (Uds.)	Cort-en	Escoj-an	Añad-an
Vosotros*	Cort-ad*	Escog-ed*	Añad-id*

	América hispana	España*
Informal:	Tú-vos/ ustedes	Tú/ vosotros*
Formal:	Usted /ustedes	Usted/ ustedes

2. Completen la siguiente receta, llenando los espacios con los verbos indicados en la canasta en Imperativo (3ª. p. pl.).

Picar, Batir, Pelar, Retirar, Sacarlas, Colocarla, Añadir, Escurrirlas, Cortalas, Dorarla

Un sabor típicamente español

Tortilla de patata española

Ingredientes/ Qué lleva

4 patatas – 1 cebolla mediana – 4/5 huevos – aceite de freír – sal

Modo de preparación/ Paso a paso

a) _____ las patatas y _____ en láminas finas.

b) Luego, _____ a freír a fuego lento.

c) A medio dorar, _____ de la sartén y _____ bien.

d) _____ el aceite usado, dejando sólo un poquito, pues es donde se hará la tortilla.

e) _____ la cebolla, _____ en la sartén caliente para sofreírla.

f) _____ los huevos (claras y yemas) con un poco de sal.

g) _____ las patatas fritas a esa mezcla.

h) _____ esa mezcla en la sartén donde está la cebolla.

i) Cuando la tortilla esté hecha de un lado, _____ del otro lado también.

TIPS

Grado de dificultad: Fácil

Porciones: 4 (si fuese una comida). Se puede cortar en trozos pequeños para aperitivo.

Tiempo de preparación: 20'

Tiempo de cocción: 20'

Si van a probar la receta, es conveniente pedir ayuda a adultos.

¡Buen apetito!

Produciendo un texto propio

En grupos de 3 ó 4 compañeros.

1. Busquen una receta fácil que sea típica de su región y que quieran compartir con sus compañeros para la fiesta de fin de año.

2. Lean la receta con cuidado, anotando los ingredientes y el modo de preparación.

Ingredientes	Modo de preparación

3. Con ayuda de un buen diccionario y de su profesor(a), organicen los datos anteriores en español.

> Si hay ingredientes que son exclusivos de su región, usen los nombres en portugués.

_____
_____
_____
_____
_____

4. Discutan con sus compañeros los siguientes puntos:
   a) Título (atractivo, interesante, llamativo)
   b) A quién va dirigida la receta: ¿se usará "tú", "usted" o "ustedes"?
   c) ¿Cuántas porciones?
   d) Tiempo de preparación.
   e) Vocabulario básico: nombre de los ingredientes, pesos y medidas, útiles de cocina (cuchara, cuchillo, tenedor, cacerola, molde, bol, licuadora, mixer, etc.).
   f) Ilustración: fotos, dibujos.
   g) Formato del texto: paso a paso, texto continuo, recuadros para informaciones/instrucciones, etc.

5. Escriban el primer borrador (versión) y enséñenselo a su profesor(a).

6. Reescriban todo el texto, teniendo en cuenta las correcciones indicadas.

7. En una cartulina, escriban o peguen la receta, con el título escogido, las ilustraciones (incluso un mapa de Brasil, indicando de qué región es el plato), los "tips", y los nombres de los autores.

> Organicen una exposición general con todo lo que han producido durante el año, acompañada de alguna canción latinoamericana.

Puerta de salida

Encuentra 10 (diez) diferencias entre el recuadro A y B.

A   B

Diferencias: La luna, la computadora de atrás, la mano de un nene, la boca de otro, la manija del telescopio, la escoba, unos anteojos, la lengua del desmayado, el pelo de la nena y la araña en el monitor.

Sugerencia de lectura

TAHAN, Malba. Los 35 camellos. In: *El hombre que calculaba*. <http://www.librosmaravillosos.com/hombrecalculaba/capitulo03.html>. Acceso: el 01 de agosto de 2011.

Tras la lectura del cuento (2 páginas), discutan la forma en que el protagonista solucionó el problema de división que parecía imposible.

Pueden encontrar más juegos y problemas de lógica en:

- <http://www.upv.es/jugaryaprender>;
- <http://www.elclubdelingenio.com.ar/>.

Escuchando (solución)

Pista 1 – Unidad 1 - Pág. 6
El juego del robo de pan en casa de San Juan.

Pista 2 – Unidad 1 - Pág. 15
Forma diminutiva de los nombres.
_ Hola me llamo Susana, tengo 12 años y vivo en México. La gente de mi casa me llama Susanita.
_ Y yo soy Francisco pero por aquí todos me conocen como Paco, soy de Chile pero ahora vivo aquí en México.
_ ¿Como andás? Me llamo Felipe, pero todos me conocen como Felipito. Vivo en Argentina y tengo 10 años.
_ Buenos días. Me llamo José pero no me gusta mucho mi nombre, prefiero mi apelativo que es Pepe. Soy de Colombia y tengo 11 años. Mi hermana se llama Mari Pepa, perdón...jajaja... se llama María José pero nunca la llamamos así.

Pista 3 – Unidad 1 - Pág. 17
La entrevista a Niko Martins.

Pista 4 – Unidad 1 - Pág. 35
Blog - Presentación de Vanessa.
_Hola amigas. Me llamo Vanessa. Tengo 10 años. Tengo los ojos castaños oscuros. También tengo el pelo castaño. Soy un poco tímida pero alegre. Mi padre se llama Javier, mi madre se llama Mª Isabel, mi hermana gemela se llama Melissa y tiene 10 años. Tengo otra hermana que se llama Yolanda y tiene 17 años. Mi color favorito es el azul. Me gustan los animales pero lo que más me gusta el baile y uso gafas. Hasta luego, amigos.

Pista 5 – Unidad 1 - Pág. 36
Blog - Presentación de Cecilia.
_Yo me llamo Cecilia, tengo ojos marrones y mi pelo es marrón oscuro. Tengo 12 años. Mis mejores amigas son Romina, Micaela, Macarena y Anarela. El animal que más me gusta es el gato. Tengo 6 hermanos, mi mamá se llama Roxana y mi papá se llama Antonio, él trabaja de carpintero y mi mamá trabaja de ama de casa. A mí me gusta mirar Patito Feo en la tele, lo miro desde las 6 hasta las 7 de la tarde.

Pista 6 – Unidad 2 - Pág. 50
El significado de los nombres de los países latinoamericanos.

Pista 7 – Unidad 2 - Pág. 51
Ñandutí.

Pista 8 – Unidad 2 - Pág. 55
Puntos turísticos de Asunción.
Casa de la Cultura.
Antigua casona jesuítica hasta 1767. En 1783 se abre en ella el Real Colegio Seminario San Carlos; posteriormente fue Cuartel del Colegio. En 1916 se abrió el Colegio Militar y actualmente es un Instituto de Historia y Museo Militar. Pueden apreciarse innumerables objetos y trofeos de la guerra de la Triple Alianza (1864-1870), y la del Chaco (1932-1935), documentos sobre la historia políticomilitar, fototeca, biblioteca y museo de armas.
Ubicación: 14 de Mayo y El Paraguayo Independiente.
Casa de la Independecia.
Solar donde se gestó la revolución emancipadora del 14 y 15 de Mayo de 1811. Su construcción data del año 1772. Pertenecía a los hermanos Sáenz, quienes cedieron la casa para reuniones secretas, en donde se conspiraba contra el gobierno español. En 1961 se autoriza su restauración y desde entonces funciona con el nombre de Casa de la Independencia y en ella se conservan reliquias y objetos relacionados con la gesta libertadora. Museo de objetos y documentos de los Próceres.
Ubicación: 14 de Mayo y esq. Presidente Franco.
Calle Palma.
Arteria comercial más cosmopolita de Asunción. Se encuentran artículos de variada procedencia y de artesanía nacional. Las tiendas de compras se encuentran abiertas de 07:00 a 11:30 y de 15:00 a 18:00, en su mayoría. El nombre palma proviene de uno de los símbolos del escudo nacional.

Pista 9 – Unidad 3 - Pág. 75
Casapueblo (penúltimo párrafo)
En todo momento se mantuvo en guerra abierta contra la línea y los ángulos rectos, tratando de humanizar su arquitectura, haciéndola más suave, con concepto de horno de pan. [...]

Pista 10 – Unidad 3 - Pág. 81
El palacio de la Alvorada.

Pista 11 – Unidad 3 - Pág. 91/92
Texto A
El lugar donde vivo.
Texto B
San Andrés.

Pista 12 – Unidad 4 - Pág. 105
Las Nubes.

Pista 13 – Unidad 4 - Pág. 126
El significado de estas palabras.
a) Repartir, dividir, distribuir algo en partes. Participar en algo.
b) Describir o enumerar minuciosamente.
c) Libertad o facultad de elegir.
d) Cada una de las cualidades o propiedades de un ser.
e) Acción y efecto de engañar. Falta de verdad en lo que se dice, hace, cree, piensa o discurre.
f) Acción y efecto de envasar. Recipiente o vaso en que se conservan y transportan ciertos géneros. Aquello que envuelve o contiene artículos de comercio y otros efectos para conservarlos o transportarlos.
g) Manteca, unto o sebo de un animal.
h) Dicho de una mujer, o de una hembra de cualquier especie: Que ha concebido y tiene el feto o la criatura en el vientre.
i) Agregar a una preparación comestible uno o más ingredientes naturales o artificiales con el fin de que le confieran su sabor característico.

Pista 14 – Unidad 4 - Pág. 128
Los pensamientos de Gaturro.

Referencias

COMISIÓN PARA LA DEFENSA DEL IDIOMA ESPAÑOL. **Así escriben los niños de México**. Durango, 1982.

DICCIONARIO SALAMANCA DE LA LENGUA ESPAÑOLA. Madrid: Santillana, 1996.

MONOS. Revista dominical para niños de El Espectador. Bogotá, n. 117, 21 feb. 1993

MUY INTERESANTE Junior. Madrid: G+J España Ediciones, dec. 2008.

NIK. **Gaturro-2**. Buenos Aires: Ediciones de la Flor, 2006.

QUINO. **Diez años con Mafalda**. Barcelona: Lumen, 1973.

QUO. n. 113, fev. 2005.

REVISTA DE LA NACIÓN. Buenos Aires: 24 jun. 2007.

VIVA, la revista de Clarín. Madrid: n. 1539, 30 oct. 2005.

VIVA, la revista de Clarín. Madrid: n. 1490, 21 nov. 2004.

Sites

<http://www.poemasde.net/para-padres-y-maestros-poemas-para-la-familia/>.

<http://sabrina-suspiro.blogspot.com/2008/08/abras.html>.

<http://www.todohistorietas.com.ar/biografiamafalda.htm>.

<http://www.educared.org.ar/infanciaenred/pescandoideas/archivos/dia-internacional-paz.jpg>.

<http://www.poemasde.net/los-estatutos-del-hombre-thiago-de-mello/>.

<http://www.radialistas.net/clip.php?id=1100166>.

<http://www.enjoyperu.com/guiadedestinos/lima/intro/index2.htm>.

<http://www.es.wikipedia.org/wiki/%C3%91andut%C3%AD>.

<http://www.es.wikipedia.org/wiki/Asunci%C3%B3n>.

<http://www.pitoresco.com.br/espelho/2005_01/vinicius/vilaro.htm>.

<http://www.antonio-guerrero.org/GAUDI-pedrera.htm>.

<http://lanacion.com.ar/humor/imagen-gaturro.asp>.